国家社科基金青年项目"中国领事保护能力建设研究"（12CGJ003）阶段性成果

中国领事保护
历史发展与案例分析

CHINA'S CONSULAR PROTECTION
THE HISTORICAL DEVELOPMENT
AND CASE ANALYSIS

黎海波 著

中国社会科学出版社

图书在版编目（CIP）数据

中国领事保护：历史发展与案例分析／黎海波著 . —北京：
中国社会科学出版社，2017.6
ISBN 978 – 7 – 5161 – 9679 – 3

Ⅰ.①中… Ⅱ.①黎… Ⅲ.①领事事务—可持续性发展—
研究—中国 Ⅳ.①D821

中国版本图书馆 CIP 数据核字（2017）第 005111 号

出 版 人	赵剑英
责任编辑	宋燕鹏
责任校对	王 斐
责任印制	李寡寡

出 版	中国社会科学出版社
社 址	北京鼓楼西大街甲 158 号
邮 编	100720
网 址	http://www.csspw.cn
发 行 部	010 – 84083685
门 市 部	010 – 84029450
经 销	新华书店及其他书店

印 刷	北京明恒达印务有限公司
装 订	廊坊市广阳区广增装订厂
版 次	2017 年 6 月第 1 版
印 次	2017 年 6 月第 1 次印刷

开 本	710×1000 1/16
印 张	10.5
插 页	2
字 数	180 千字
定 价	48.00 元

凡购买中国社会科学出版社图书，如有质量问题请与本社营销中心联系调换
电话：010 – 84083683

序

　　我和海波因共同的研究兴趣而结识。他 2009 年毕业于暨南大学，博士论文题目为《国际法的人本化与中国的领事保护》。而我自 2000—2002 年在中国驻以色列大使馆领事部工作后就一直关注并研究领事保护问题。海波博士毕业后任职于中南民族大学，在科研方面勤奋刻苦，不断有新成果发表。对于这个领域数量不多的专业级文章和著作，我自然是认真拜读，并受益颇多。对于双方在研究中遇到的具体问题，我们也通过邮件或微信探讨。去年底，海波联系我，说他承担的国家社科基金青年项目"中国领事保护可持续发展能力建设研究"的阶段性成果已经完成并即将出版，希望我能为之写个小序。我欣然应允，却又有些惶恐，担心辜负了他的美意。

　　领事保护研究本身就是一个兼具理论和现实意义的研究领域，而中国领事保护可持续发展能力探究更是一个作用于现实的学术研究课题。领事保护是外交工作的重要内容，但相关学术研究成果寥寥，亟待加强。仅以中国知网收纳的论文和文章为例，我 2017 年 2 月 15 日输入检索词"领事"，显示查询结果为 407 条；输入"领事保护"，显示结果只有区区 145 条，但输入"外交"，显示结果达 13600 条。在这个学术研究狭窄而外交实践分量日益加重的领域中，领事保护能力的可持续发展问题近些年来变得尤其突出。一方面，领事保护任务艰巨，保护对象和保护案件数量大增。仅中国出境游客而言，2016 年达 1.22 亿人次，比 2015 年的 1.17 亿人次增长 4.3%，中国继续蝉联全球出境旅游人次世界冠军。近三年，外交部和驻外使领馆处理的领事保护案件以每年近 2 万起的幅度在增加,2014—2016 年,外交部和驻外使领馆处置的领事保护与协助案件的数量分别约为 6 万、8 万和 10 万起。另一方面,中国政府在领事保护方面的资金和人员投入却十分有限。2005 年底设立的"领事保护专项经费"至 2015 年底时约为 3000 万人民币。外交部领事保护中心的编制为 15 人。某些驻外使领馆的专职领保干部一人要服务几万、十几万甚至几十万中国公民。中国领事保护能力的可持续发展已成为迫切需要解决的现实问题。

海波承担的这一课题从立项到现在已历时近 5 年。在此期间,他阅读了大量文献,梳理了自晚清以来中国领事保护发展的脉络;就当前领事保护中存在的一些重要问题进行了多达千人的问卷调查;对领事保护的一些经典案例进行了详细分析;并对比发达国家的经验进行了中外比较研究;提出了"政府性领事保护"和"社会性领事保护"的概念;创建了基于危机生命周期的领事保护能力评估指标体系,将领事危机管理生命周期分为基础预防、监测预警、应急处置和善后学习四个阶段,并在每个阶段下设立二级评估指标,建立了危机生命周期与管理节点模型等。

作为一位同样对领事保护问题感兴趣的研究者,我非常高兴看到这样的佳作问世。在得到学术启发的同时,我也希望有更多关于领事保护和领事问题相关的优秀研究成果涌现。我相信,在同仁们的共同努力下,领事问题研究这朵外交研究花园中的小花也会绽放出属于她的璀璨。

是为序!

夏莉萍

外交学院教授

2017 年 2 月 16 日于北京

目　录

第 一 章

晚清领事保护发展的历程与特点

领事保护涉及国家、公民与国际社会的多重关系。尽管对于晚清而言，其"公民"还只是臣民，不过，当时在国内外多重因素的推动下，晚清政府逐步转变对于海外华侨的"叛民""罪民""逃民"或"弃民"等观念，进行了"立约保护""领事教育"或"华侨教育""领事调查和交涉"以及军舰巡航等多种形式的护侨或领事保护。[1]总体而言，清朝政府护侨政策或华侨政策的转变，是与其对华侨的认识以及相应的观念和态度的转变密切相关的。[2]

第一节 晚清领事保护发展的历程与特点

一 晚清领事保护发展的两个阶段

晚清时期是近代华工出国和华侨形成的一个重要阶段。当时在中外交涉中的一个重要主题就是涉及人口拐卖、华工出国及相应的权益保护问题。

从清朝政府对海外华侨的观念与态度看，可以将其概括为四个阶段：

第一，清朝初期，政府将华侨视为"弃民"或"政治犯"。清朝

---

[1] 黎海波：《晚清护侨的主要方式及其原因分析》，《岭南文史》2010 年第 1 期，第 18—20 页。

[2] 黎海波：《秘鲁华工案与晚清领事保护》，《光明日报》2011 年 4 月 14 日第 11 版。

政府最初大致沿袭和继承了前朝对华侨的认识与观念,将他们视为"弃民""潜在的汉奸",由于后来在清朝政府入主中原后的一段时间内,部分华侨参与了东南沿海的反清活动,因此清朝政府将他们视为"叛逃者""谋逆者"或"政治犯"。

第二,1840—1860 年,清朝政府将华侨视为"内奸"或"叛徒"。由于英国的殖民侵略,东南沿海一代的民众和华侨在对待殖民侵略上的态度等使得清政府将他们视为内奸或叛徒,认为他们积极地帮助和支持外国殖民势力。

第三,1860—1876 年,清朝政府将华侨视为苦力。随着清朝政府对出国谋生的海外华侨接触与了解的增加,逐步开始转变对他们的态度,尤其是对被拐卖的华侨,较为同情他们的遭遇。

第四,1876 年之后,清朝政府将华侨视为本国臣民。这一时期,清朝"政府将华侨视为'华民''华工''华商'和'华侨绅商'"①,这就表明清朝政府当时已较大程度地转变对华侨的看法,将华侨看作是合法臣民。② 后来入禁废除,华侨则基本等同于国内臣民。

基于清朝政府对华侨的观念与态度,从它对华侨的总体政策看,可以将其概括为三个阶段:

第一,1860 年以前,这一时期清朝政府对华侨持一种"敌视且防范"的观念与政策。

第二,1860—1876 年,这一时期清朝政府对华侨的观念与政策体现出一种"消极而模糊"的特征。

第三,1876 年之后,这一时期清朝政府对华侨的观念与政策可概括为"有心无力"的特征。③

此外,结合清朝政府护侨政策的实施范围和具体方式来看,可以分为两个阶段:

第一,1860—1892 年,这一时期清朝政府护侨的实施范围是华侨

---

① 黎海波:《秘鲁华工案与晚清领事保护》,《光明日报》2011 年 4 月 14 日第 11 版。

② 颜清湟:《清朝对华侨看法的变化》,《南洋资料译丛》1984 年第 3 期,第 79—89 页。

③ 李安山:《清朝政府对非洲华侨政策探析》,载北京大学非洲研究中心编《中国与非洲》,北京大学出版社 2000 年版,第 215 页。

在海外的居留地，护侨的主要方式是通过签订条约、派出使臣和领事等来进行保护。

第二，1893—1911年，这一时期清朝政府护侨的实施范围并不仅仅局限于海外华侨居留地，而是拓展包括了国内，针对回国华侨，清朝政府也提出了一些相应的保护要求，由于实施范围的不同，这一时期的保护方式就不仅仅局限于涉外的"领事"保护，而是包括了国内政治、法律和经济等方面的内容。①

总体而言，清朝政府的护侨或领事保护可以分为两个阶段：其一，1860—1876年，这一时期清朝政府由以前的弃侨、恶侨开始转向护侨；其二，1876—1911年，这一时期清朝政府对于海外华侨具备了一定的权益保护意识，不过却是有心无力。

二　晚清领事保护的总体特点

结合清朝华侨观念、态度以及政策的变化，可以发现，其发展历程是与清朝求强求富的自强运动同步的，同时也与海外华侨经济地位的提升有着较为重要的关联。一方面，这说明了清朝政府（尤其是在洋务官员的推动下）随着时代的发展逐步在改变自己对华侨的认识，逐步承认海外华侨与国内臣民在权利上趋于平等；另一方面，这也说明了清朝政府改变传统的华侨政策并不是从海外华侨社会本身出发的，而是要华侨利益服从和服务于统治者的利益，这在晚清政府对华商（华侨绅商）的日益重视上也有所体现。因此，清朝政府华侨政策的变化根本上还是为了利用华侨为自己服务，②最终仍是以巩固和发展清朝的统治为根本目的的。

与晚清封建专制国家即"家国一体"型国家形态相对应的是西方资本主义民主国家，也就是"契约型国家"形态。在这一国家体制内，基于国家—社会关系的重新构建，"保障人权"构成了国家和政

---

① 廖赤阳：《晚清"护侨"政策的实施及评价》，《华侨大学学报》，1984年，第103—107页。

② 庄国土：《中国封建政府的华侨政策》，厦门大学出版社1989年版，第331—338页。

府"建立的逻辑基础与目的前提"①。而对于"家国一体"型国家而言,其国家—社会关系体现出国家管控的一元特征,私权和公权尚未分化或者即使有所分化也是极不充分。因此,封建专制国家首先体现出来的是皇权或王权的强制权力而不是对社会的契约责任。②晚清护侨或领事保护的发展始终难以突破封建专制国家或"家国一体"型国家的局限与束缚。

总体而言,晚清政府的领事保护,对象主要是出国的华工(后来也拓展包括了华商)。领事事件的类型主要是政府型领事事件,即由外国政府的非法作为或消极不作为所导致。晚清政府的领事保护大多是被动应对型。一方面,晚清政府随着其华侨观念与政策的转变而逐步呈现出一定的"有心"态势,这种有心态势既夹杂着国内外多种"人权"因素的推动,也融合了国内政治统治的需要;另一方面,随着晚清国力的逐步衰退以及与他国差距的扩大而落得一个"无力"结果。因此,纵向与横向对比看,这一时期,晚清领事保护体现出国力与人权因素上的双重局限。

第二节　案例分析:秘鲁华工案与
晚清领事保护③

从17世纪40年代开始,英国、法国和美国等西方国家相继通过资产阶级革命转变为近代民主国家。这些国家在其国内社会与人权因素的推动之下(当然有些也夹杂一定的政治因素),④对其海外公民的权益,进行了较为积极、甚至过度的领事保护。但当时的中国,清朝政府仍处于封建专制阶段,皇权不断集中和加强,国家与社会以及

① 齐延平:《国家的人权保障责任与国家人权机构的建立》,《法制与社会发展》2005年第3期,第4页。
② 同上。
③ 本部分内容以题名《秘鲁华工案与晚清领事保护》发表于《光明日报》2011年4月14日第11版,收入这里时有所修改。
④ 黎海波:《秘鲁华工案与晚清领事保护》,《光明日报》2011年4月14日第11版。

公权与私权高度合一，晚清的领事保护主要还是依赖于集权统治者的仁政与恩赐，① 依赖于封建专制政权维护自身统治的需要。虽然如此，从秘鲁华工案看，晚清领事保护的发展已体现出一定的人权因素的推动。

一 秘鲁华工案与外国使领等国际因素的促动

1854 年，由于黑奴的解放造成了秘鲁苦力的缺乏，因此，秘鲁通过"中国人法令"，开始从中国拐运华工。到 1875 年时，秘鲁华工已达 11 万人至 12 万人。② 这些华工大多从事一些以前黑奴所从事的体力活，如在种植园采摘棉花、种植甘蔗、开采鸟粪以及建设铁路和港口等。然而，他们的待遇却极差，③ 仅比牲畜略强一点④。华工在秘鲁所遭受到的种种虐待引起了国际社会和舆论的较大不满，这种"苦力贸易"导致了一定的批评与抨击。如在 1870 年，一位美国驻秘鲁公使就曾在给美国政府的信函中提及了这一问题。他指出，在秘鲁的这些华工和苦力遭受的待遇就像美国早期的奴隶一样。⑤ 一位英国人写道，秘鲁华工的命运是最不幸的。甚至一位秘鲁本地人认为，华工在秘鲁鸟粪场所遭受的待遇甚至比在地狱还要可怕。⑥

1869 年，由于当时清朝与秘鲁尚未建立外交关系，所以，秘鲁华工就将其遭受的虐待写了一封陈述状交给美国驻秘鲁公使霍维将军。霍维将军又将这封文件转给了美国驻华公使劳文洛斯。⑦ 此外，霍维将军还在递交给秘鲁政府的备忘录中对华工受虐事件提出严正的抗

---

① 黎海波：《秘鲁华工案与晚清领事保护》，《光明日报》2011 年 4 月 14 日第 11 版。

② 李志波：《李鸿章传》，北京联合出版公司 2013 年版，第 132 页。

③ 黎海波：《秘鲁华工案与晚清领事保护》，《光明日报》2011 年 4 月 14 日第 11 版。

④ ［美］瓦特·斯图凡特：《秘鲁华工史》，张铠、沈桓译，海洋出版社 1985 年版，第 113 页。

⑤ 同上书，第 104 页。

⑥ 杨府、左尚鸿：《中华血脉：探秘海外古今华裔族群》，新世界出版社 2011 年版，第 121 页。

⑦ 李兆祥：《近代中国的外交转型研究》，中国社会科学出版社 2008 年版，第 148 页。

议。① 劳文洛斯在获悉秘鲁华工遭受虐待的事情之后,特意就此事给清朝的恭亲王写信。秘鲁华工的陈述状后来被译成西班牙文和英文刊发后,引起了西方人对华工的同情以及对秘鲁政府的批评。② 恭亲王通过劳文洛斯的信函初步了解了秘鲁华工的生活情形和工作待遇,③ 但是迫于清朝和秘鲁尚未建交的现实以及当时的国内形势,只好请求美国政府帮忙,代为辗转交涉,"请美国驻利马公使查询详情,并给予这些子民以帮助"④。到了1870年,秘鲁的华工已达5万多人,⑤ 美国驻华公使则建议清朝政府"不必迂回旋绕"、直接"派员驻扎",如此一来,秘鲁华工如果遭受虐待和委屈,就可径达本国。⑥ 1871年,美国公使再次向清朝政府提出建议,对华工在秘鲁遭受虐待的事情,即使可以请美国政府或使领帮忙援助,但这也只是暂缓之计,只有等到清朝与秘鲁两国之间"议换和约",才能让"华人同出陷阱"⑦。

此后,1872年5月,一艘在秘鲁注册、专门运送华工的货船"玛耶西"号运载着二百二十多名华工和未成年人从澳门驶往秘鲁,由于在日本遇到大风无法继续航行,只好驶入横滨港停泊。当时,船上有一名华工穆彬趁机跳水逃离,后来被英国船员搭救。英国船员们通过这名华工初步了解了"玛耶西"号虐待华工的种种情况,转而报告给英国政府。于是,英国政府就立即照会日方。日本政府将"玛耶西"号扣留,并通知清朝政府和英国以及美国等国领事共同进行调查取证,最后对"玛耶西"号船长埃雷拉的虐待行为进行了严厉谴责。因此,"玛耶西"号事件的调查就使得拐卖和虐待华工的事件曝光,国

---

① 李春辉、杨生茂:《美洲华侨华人史》,东方出版社1990年版,第530页。

② 杨府、左尚鸿:《中华血脉:探秘海外古今华裔族群》,新世界出版社2011年版,第119页。

③ 黎海波:《秘鲁华工案与晚清领事保护》,《光明日报》2011年4月14日第11版。

④ 李春辉、杨生茂:《美洲华侨华人史》,东方出版社1990年版,第531页。

⑤ 同上。

⑥ 陈翰笙主编:《华工出国史料汇编》第一辑(三),中华书局1985年版,第972页。

⑦ 同上书,第975页。

际舆论一片哗然,"反对苦力贸易的呼声日益高涨"①。

从这一事件可以看出,在不涉及美国和英国等国自身利益时,这些国家的一些使领和国际舆论都体现了某种对苦力华工的人道主义同情与帮助。② 领事保护既是一项国家权利,也是一项个人权利。二者之间也存在着一定的张力与矛盾。因此,领事保护要受到政治与人权等因素的多重影响。对于上述这些外国使领的领事保护提议以及相关协助,可能有人会认为他们是出于政治因素的考虑,出于对本国利益的维护(如担心秘鲁华工的增加会减少本国华工的数量等)才开始关注、批评和干涉秘鲁华工以及海外华工等问题。但是我们通过美国驻秘鲁公使等的多次帮助和建议,可以看到秘鲁华工与他们并无直接的利害关系,这些外国使领对秘鲁华工的关注与帮助更多地是出于一种人权考量。

早在 1862 年,总理衙门就要求海关总税务司赫德翻译美国人惠顿的国际法书中关于使节权的部分章节,准备将它作为清廷向外派遣驻外使节的重要参考。如文祥就曾指出,国际法将是我们派驻公使的依据和指南。③ 1864 年,美国传教士丁韪良顶着较大压力翻译了惠顿的《国际法原理》一书,该书在当时以《万国公法》之名正式出版。④ 1866 年,赫德与英使威妥玛等人在向清朝呈递的《局外旁观论》和《新议论略》中进一步提出了清朝政府也可"派使自护(华侨)"的建议和主张。⑤

晚清政府开始护侨和进行领事保护,在较大程度上融合了外国使领、国际法、国际领事实践互动以及人权因素等的外力促动。无论如何,这些外来观念与规范对清朝的外交和领事保护至少起到了"路线

① 沈允熬:《情系大洋彼岸》,东方出版中 2008 年版,第 144 页。

② 黎海波:《秘鲁华工案与晚清领事保护》,《光明日报》2011 年 4 月 14 日第 11 版。

③ I. C. Y. Hsü, *China's Entrance into the Family of Nations*, Harvard University Press, 1960, p. 128. 转引自张卫明《晚清公法外交述论》,《国际政治研究》2007 年第 1 期,第 63 页。

④ 黎海波:《晚清领事保护的发展及其局限》,《八桂侨刊》2014 年第 2 期,第 66 页。

⑤ 《筹办夷务始末·同治朝》卷 39。

图的作用"①。因此,在外国使领等人道主义因素的促动下,清朝政府被迫开始转变以往的弃侨不管的消极态度,开始与秘鲁协商谈判,并较为积极进行立约护侨。②

二 秘鲁华工案与李鸿章等官员恤民意识的推动

早在 1867 年和 1869 年,李鸿章就开始关注在海外华侨聚居地设立领事的问题。③ 1873 年,秘鲁全权大使葛尔西耶在与日本签订友好条约之后来到中国,与李鸿章进行签约谈判和交涉。最初,葛尔西耶并不承认秘鲁虐待华工,反而狡辩说秘鲁本国有相关的法律规定可以保护华工,认为秘鲁华工所陈述的都是假话。面对这一情况,李鸿章一方面据理力争,先后拿出华工联名所写的《诉苦公禀》以及洋人威斯敏斯德等记录和反映秘鲁华工受虐遭遇的《华工出洋论》等材料,④ 以此来证明秘鲁华工所陈述的为真;另一方面,他又试图利用国际法来严定章程,为保护秘鲁华工争取更为有利的条件。经过多次谈判,中秘两国终于在 1874 年 6 月 26 日于天津签订了派驻领事与保护华工的《会议专条》与《友好通商条约》。

中秘《会议专条》主要涉及保护华工与华工待遇的问题,规定清朝可派遣官员前往秘鲁驻扎,彻底查办华工情形,华工应享受与侨居秘鲁的其他外国人民一样的最优待遇。中秘《友好通商条约》第 4 款主要涉及派驻领事以及领事官员的待遇问题,其中规定:清朝政府可以派出总领事、领事或副领事等官员前往秘鲁驻扎,领事互享最惠国待遇。这两项条约的签订,就使清朝政府在保护秘鲁华工问题上确立了法律依据,推动清朝护侨"由被动向主动的转变"⑤。

---

① 张效民、徐春峰:《晚清外交变化的观念因素》,《国际政治科学》2006 年第 2 期,第 57 页。

② 黎海波:《秘鲁华工案与晚清领事保护》,《光明日报》2011 年 4 月 14 日第 11 版。

③ 庄国土、陈华岳等:《菲律宾华人通史》,厦门大学出版社 2012 年版,第 255 页。

④ 董丛林:《刀锋下的外交:李鸿章在 1870—1901》,东方出版社 2012 年版,第 47 页。

⑤ 王瑛:《李鸿章与晚清中外条约研究》,湖南人民出版 2011 年版,第 87 页。

"1875 年，李鸿章上书朝廷请求派遣领事前往秘鲁驻扎，以此来切实保护华工。"① 他认为，如果清朝没有使臣和领事官员驻扎在那里，那么秘鲁华工与清朝政府就相距万里之遥，② 秘鲁政府能否保护华工或者改变以前对华工的虐待都无从得知，即使知道了但由于相距太远也无从拯救和援助，因此，只有立即选派正副使领等官员前往秘鲁驻扎，"凡遇可以为华工保护除弊之处，随时商同该国，妥立章程，是此日在水火十数万之华人将死而得生、既危而复安也"③。

由此可见，李鸿章等官员对海外华工的权益保护问题还是较为重视的，不仅积极地提出了相应的政策建议，而且还切实推动了护侨的具体实施。从国际关系以及国家利益的层面看，秘鲁这样一个相距遥远的小国，对于清朝政府的统治而言，影响可谓是微乎其微。此外，从秘鲁华工苦力这一层面看，他们对于清朝政府的统治而言，影响更是微不足道。④ 与派遣处理国际关系与外交关系的公使的最大区别在于，清朝官员在提议派遣驻外领事的时候，首先考虑的应该是如何更好地处理海外华工与华商等事务，尤其是在秘鲁和古巴等地的华工遭受虐待的情形真相大白之后，出于恤民意识的推动，建议设领驻外的清廷官员们就更加明确了保护华工这一目的和动机。⑤ 由此可见，领事保护与普通百姓的权益更为密切相关。

总的来看，李鸿章等官员提出设领驻外、调查侨情及切实护侨的建议，更多地是从恤民意识及 "维护海外华工权益的角度出发的"⑥。

三 清朝政府 "人权" 理念与华侨观念的转变

结合近现代历史看，中国人在向西方学习 "师夷长技" 的过程之

---

① 黎海波：《秘鲁华工案与晚清领事保护》，《光明日报》2011 年 4 月 14 日第 11 版。
② 同上。
③ 陈翰笙主编：《华工出国史料汇编》第一辑（三），中华书局 1985 年版，第 1077 页。
④ 黎海波：《秘鲁华工案与晚清领事保护》，《光明日报》2011 年 4 月 14 日第 11 版。
⑤ 袁丁：《同光年间清政府对遣使设领态度的转变》，《华侨华人历史研究》1994 年第 2 期，第 64 页。
⑥ 黎海波：《秘鲁华工案与晚清领事保护》，《光明日报》2011 年 4 月 14 日第 11 版。

中，先后经历了坚船利炮、西式企业与政治制度等层次，后来才转向西方的科学与民主等文化层面及人权理念等。

清朝政府奉行闭关锁国的政策，最初严格施行海禁。早在1647年的《大清律例》中就明令禁止下海出洋，"凡官员兵民私自出海贸易，及迁移海岛居住耕种者，俱以通贼论处斩"[①]。在鸦片战争之前，清朝政府就已对外国人偷运和雇用华工等事宜有所耳闻，不过认为"拐骗华工出洋"之事只不过属于地方事务，[②] 朝廷并未给予重视。鸦片战争之后，西方殖民列强用坚船利炮打开了当时清廷闭关自守的大门，不过，清朝政府的海禁政策并未被彻底废除。[③]

1860年，清朝政府与英国和法国签订《北京条约》，其中第5款与第9款明确规定："凡有华民，情甘出口，或在英（法）国所属各处，或在外洋别地承工，俱准与英（法）民立约为凭，无论单身，或愿携带家属（眷），一并赴通商各口，下英（法）国船只，毫无禁阻。"[④] 从这一内容看，清朝政府允许华工自由出洋，还是带有较强的被逼无奈色彩的，而且此时清朝政府在其主观意识上仍是对华侨持有一定的偏见的，[⑤] 不过，这一条约至少表明了清朝政府对传统海禁主要是出禁政策的废除，而且基于国际实践的互动，清朝政府也开始注意通过立约等方式来对出洋华工进行一定的保护。

1876年之后，海外华侨的身份发生了较大程度的转变，从清朝政府对他们的称呼看，"华民""华工"和"华商"等都有用到，甚至还有"华侨绅商"这样的称呼。这至少表明清朝政府这一时期已将华侨等看作是合法臣民。

1893年6月29日，薛福成在黄遵宪的呈禀要求下，向光绪皇帝

---

① 《大清律例全纂》卷20。

② 苑焕乔：《清末政府向南非输出劳务述论》，《北京联合大学学报》2006年第1期，第46页。

③ 黎海波：《秘鲁华工案与晚清领事保护》，《光明日报》2011年4月14日第11版。

④ 《筹办夷务始末·咸丰朝》卷67。

⑤ 廖赤阳：《晚清"护侨"政策的实施及评价》，《华侨大学学报》，1984年，第103页。

上呈《请豁除旧禁招徕华民疏》，提请"除旧禁""护商民"和"广招徕"，1893 年 9 月 13 日，光绪皇帝准奏，终于废除了两百多年的海禁政策，并且规定：对于海外华侨，无论在外居住多久，都可自由回国，一律与内地人民同等对待，不得刁难勒索。[①] 这主要体现为对入禁政策的废除，它使得海外华侨与国内臣民处于更为平等的地位。

秘鲁华工案与晚清政府的领事保护，是与外国使领的促动、国际法的传入、部分官员的恤民意识、国际实践的互动以及人权因素等的推动分不开的。

① 黄升任：《黄遵宪评传》，南京大学出版社 2006 年版，第 176 页。

第二章

民国领事保护发展的历程与特点

第一节　民国领事保护发展的历程与特点

一　民国领事保护发展的三个阶段

中华民国在大陆的统治，先后可分为南京临时政府、北京（北洋）政府与南京国民政府三个时期或阶段。

1912 年 1 月 1 日，孙中山在南京建立了中华民国临时政府。南京临时政府虽然只存在了短短三个月的时间，但保护华侨、维护华侨权益却成为政府工作中的一项重要任务。广大华侨在海外的艰苦奋斗以及对革命的重要贡献，使得孙中山等革命党人觉得必须切实担起保护他们的责任。南京临时政府成立之后，孙中山就将华侨视为"国人"，允许他们自由出入国境，并训示外交部门等要切实关心海外华侨的生活情况，将自由、平等与博爱的精神推广普及于海外侨胞。[①] 这一时期，南京临时政府先后颁布了关于保护华侨与侨务工作的《大总统令外交部妥筹禁绝贩卖猪仔及保护华侨办法》《大总统令广东都督严行禁止贩卖猪仔文》《令内务部编定禁卖入口暂行条例》和《审议华侨要求议权案报告》等法规条令。[②]

北京（北洋）政府统治时期，由于第一次世界大战爆发，英、法、俄等国急需从中国招募大量华工从事后勤工作，当时出国华工总

---

① 赵红英、张春旺主编：《华侨史概要》，中国华侨出版社 2015 年版，第 689 页。

② 任贵祥：《孙中山、袁世凯及其代表的南北政府侨务政策比较研究》，《江汉论坛》2005 年第 7 期，第 95 页。

数达到 40 多万人。① 为了管理、监督和保护出国华工，1917 年 9 月，北京政府颁布《侨工事务局暂行条例》，专门成立了直属于国务总理的国务院侨工事务局，这是民国政府为管理海外华侨事务而特别设置的第一个专门机构，体现了广大华侨社会地位的提升以及民国政府对侨务工作的重视。② 后来为了适应侨务工作发展的需要，国务院侨工事务局又先后在直隶、福建、江苏、浙江、安徽、湖南和广东等省设立了侨工事务分局，此外，还在汉口、福州、烟台、哈尔滨与新疆等地设立了侨工事务经理员。

为了规范华工出国事宜和了解华工情况，北京政府从 1918 年起先后颁布了《侨工出洋条例》《关于华工出洋护照的规定》《侨工合同纲要》《侨工保护法》与《侨务局调查事项》等法令条例。

随着海外出国人数的日益增多，在华侨的积极请求之下，北京（北洋）政府先后在丹麦、挪威、巴拿马和智利等国设立了公使馆，在南非、北婆罗洲、法国巴黎、德国汉堡、苏联列宁格勒与莫斯科等地设立了总领事，在比利时昂维斯、墨西哥罩必古和苏联双城子等地增设领事或副领事。③ 这些驻外使领的增设无疑对了解侨情与保护海外华侨起到了较为积极的作用。

1927 年，南京国民政府成立。1929 年 2 月 5 日，南京国民政府颁布了修订的《国籍法》与《国籍法施行条例》，新的国籍法是采取血统主义和出生地主义相结合的国籍制，只要具有中华民族血统者，都可获得中华民国的国籍。这就构成了一种双重国籍制度，从而使海外华侨可以拥有双重国籍。此外，南京国民政府还颁布了《工人出国条例》《募工承揽人取缔规则》与《出国工人雇佣契约纲要》等法规条例来保护广大华侨的权益。

20 世纪 30 年代，由于世界经济危机的影响，一些国家掀起了排

---

① 周南京主编：《华侨华人百科全书：法律条例政策卷》，中国华侨出版社 2000 年版，第 603 页。

② 蒋顺兴、杜裕根：《论北洋政府的侨务政策》，《民国档案》1993 年第 4 期，第 71 页。

③ 同上书，第 69 页。

华和限华事件。南京国民政府在 1933 年的外交报告中把"侨民之保护"专章单独列出,并就墨西哥、危地马拉、加拿大和挪威等国的排华和限华行为进行交涉,后来都取得一定的成效。①

民国时期,中国与外国建立领事关系的国家日益增多,中外之间相互设领的国家和城市也随之增多。到 1949 年国民党撤出大陆前夕,南京国民政府当时共在外国设立了 85 个领馆。尽管如此,在相当长的时间内,民国政府并未废除清朝与西方国家签订的不平等条约及领事裁判权制。西方列强为了维护本国的利益与特权,实际并未承认中国作为一个主权国家的平等地位。②

二 民国领事保护的总体特点

总体而言,民国的领事保护,与晚清相比,无疑有了一定的进步。在对象上,华工仍是其中的重点,但是范围已有较大拓展,转向了"侨民"。领事事件的类型仍主要是政府型领事事件,即由外国政府的非法作为或消极不作为所导致。这一时期最为典型的领事保护案例就是泗水惨案和北洋政府出兵俄属远东地区护侨事件。对于泗水惨案,下文将会详细分析。而对于北洋政府出兵俄属远东地区护侨事件,虽然北洋政府未经俄国政府的同意和批准,单方面采取了军事护侨的方式,侵犯了俄国的主权,违反了国际法,③ 但是这也体现出了较强的人权保护意识,而且一改晚清时期领事保护上被动应对的特征,体现出了一定的事前预防与国际协作(借助美、法等国对北洋政府出兵的同意)色彩。不过,限于民国时期自身的分裂混乱、国力的落后以及国际协作的不足等,尽管领事保护的人权动力较晚清大为增强,但其实际效果依然难以遂愿。

---

① 张赛群:《中国侨务政策研究》,知识产权出版社 2010 年版,第 19 页。
② 梁宝山:《实用领事知识》,世界知识出版社 2001 年版,第 22 页。
③ 朱鹏:《北洋政府救助俄属远东地区难侨研究(1918 年—1920 年)》,博士学位论文,暨南大学,2010 年,第 97 页。

第二节　案例分析：泗水惨案与民国领事保护

民国政府对泗水惨案展开的领事保护是中华民国成立后第一次成功的涉侨外交，其意义非同一般。以往的研究大都侧重于事件过程的历史考察以及对孙中山和南京临时政府所起作用的分析与评价，较为缺乏对这一重要领事保护事件的理论分析以及对袁世凯与北京政府所起作用的探讨。如许海芸①、张坚②等侧重于对泗水惨案的发生与交涉过程的历史考察；熊志勇③、苏艳萍④等则侧重于从孙中山与南京临时政府的角度来探讨他们的外交努力、交涉结果与意义。

结合《南京临时政府遗存珍档》等相关史料，借助于相应的领事保护理论进行探讨，可以发现泗水惨案及民国政府由此展开的领事保护在动力与结果上都呈现出重要的人权意义。泗水惨案的交涉成功是以孙中山为首的南京临时政府和以袁世凯为首的北京政府等共同努力维护华侨权益的结果。

一　从泗水惨案与红溪惨案的比较中看民国政府领事保护的人权动力

1740 年 10 月 9 日，荷兰殖民者对居于印度尼西亚巴达维亚的数万华侨进行大肆的屠杀，导致红溪河水也为死伤华侨的鲜血所染红，从而制造了骇人听闻的红溪惨案。这一惨案中，凡当地华侨，"不论穷富、老少、有罪无罪，凡是被遇到的人都遭无情杀害。怀孕的妇女，哺乳的母亲，无邪的儿童、战栗的白髯老人都被刀剑所杀戮"⑤。

①　许海芸：《南京临时政府与"泗水华侨升旗案"》，《中国档案报》2011 年 9 月 12 日第 4 版。

②　张坚：《民初泗水华侨交涉案研究》，《华侨华人历史研究》2008 年第 3 期。

③　熊志勇等：《中国近现代外交史》，北京大学出版社 2014 年版。

④　苏艳萍：《南京临时政府外交政策研究——以"泗水事件"为中心的考察》，《南京社会科学》2012 年第 5 期。

⑤　[荷] 沃尔伏：《千岛之国》，丁川译，世界知识出版社 1955 年版，第 78 页。

荷兰作家的这一番描述,无疑更为真实而形象地展现了红溪事件惨绝人寰的一幕。

1911年10月10日,武昌起义的号角响起,晚清封建政府在辛亥革命的冲击下迅速土崩瓦解。1912年元旦,孙中山在南京建立了中华民国临时政府,孙中山任临时大总统。南京临时政府成立的电报和消息传到海外,广大华侨欢欣鼓舞,纷纷集会庆祝。1912年2月19日(农历正月初二),荷兰殖民地爪哇岛泗水市华侨在得知中华民国成立的消息后也是极为兴奋鼓舞,纷纷走上街头进行集会欢庆。他们升起五色旗,燃放鞭炮,以此庆祝中华民国的成立以及表达对祖国的祝福与期望。一直以来,泗水等地的华侨都遭受着荷兰殖民者的不公正待遇甚至残酷迫害。因此,他们衷心希望新成立的民国政府能够成为其漂泊海外的坚强后盾与有力保障。然而,荷兰殖民当局竟然派出警察对他们的庆祝活动进行野蛮干涉,开枪打死华侨三人,打伤十余人,逮捕百余人。[①] 荷兰警察甚至还将华侨升起的五色旗扯下撕毁。针对荷兰殖民者的这一暴行,广大华侨不顾殖民者的武力威胁,纷纷闭门罢市以示抗议。针对这一举动,荷兰殖民当局进而出动大批军警包括骑兵团等强迫华侨开市,又围捕华侨累计两千余人,这就酿成了轰动一时的"泗水事件""泗水华侨升旗案"或"泗水惨案"。

泗水惨案发生之后,孙中山等人对这一事件非常关注,他立即与外交总长王宠惠商议相应的交涉和处理办法。临时政府外交部也为此事曾六次向北京新选大总统袁世凯致电,要求他就近积极交涉。在各方的共同努力之下,民国政府与荷兰政府最后就该事件的解决达成如下六项协议:"(一)枪毙华侨之和(荷)人,由和政府惩办。(二)已死之华侨,和政府除优礼埋葬外,并优给其家属抚恤费。(三)被伤之华侨,除由和政府医治外,给调养费。(四)华侨财产损失,须照数赔偿。(五)旅居和属华侨,和政府须与和人一律看待。(六)

---

① 高劳:《泗水华侨与和兰警察之冲突》,《东方杂志》1912年第8卷第12号,第36页。

条约定后，均须逐条实行。"① 对于领事保护的推动因素，人们一般将之归结为国力的强盛度和海外安全事件的危害度这样两个方面。② 似乎国力越强，越能推动领事保护的可行发展。"弱国无外交"似乎已构成了一种常识。而海外安全事件的危害度越大，越能促动领事保护的执行力度。

结合红溪惨案与泗水惨案的比较来看，对这两起惨案的领事保护，其所涉国均为中国与荷兰。历时而观，"红溪惨案"发生时，中国政府正值乾隆盛世时期，以当时中国的国力而言，是完全有能力给海外华侨提供应有的保护的。"康乾盛世"起自 1661 年，历经康熙、雍正和乾隆三帝，形成了中华民族历史上的一个辉煌盛世。因为中国的强盛，所以在当时的欧洲出现了"中国热"。因此在红溪惨案发生之后，荷兰殖民者是非常担心和害怕清政府问责治罪的，从而严密封锁惨案消息。直到 1741 年，荷兰政府才被迫遣使清朝向皇帝谢罪。没料到乾隆皇帝竟然非常大度地表示，那些华侨和被害者都是大清帝国的"弃民""罪民"或"叛民"，"天朝"政府对此"概不闻问"③。由此可见，缺乏人权意识与制度保障的封建王朝，面对如此严重的权益侵害和领事保护问题，即使在完全具备了实施领事保护所需国力的情况之下，竟然毫不愿意对其海外"臣民"进行保护。

而从中华民国与荷兰的国力对比看，很显然这一时期远不如乾隆盛世与当时荷兰的国力对比。从海外安全事件的危害度看，单就死伤人数就可看出红溪惨案要大大超过泗水惨案。然而，民国政府却经过努力交涉，迫使荷兰殖民当局释放被捕侨胞，允许华侨升旗和进行相应赔偿等，这就使得海外侨民的权益得到一定程度的维护。其中，推动民国政府实施领事保护的核心因素，并非是国力的强盛与发展，而

---

① 高劳：《泗水华侨与和兰警察之冲突》，《东方杂志》1912 年第 8 卷第 12 号，第 35—36 页。

② 黎海波：《海外中国公民领事保护问题研究（1978—2011）》，暨南大学出版社 2012 年版，第 21—22 页。

③ 韩永福：《清代前期的华侨政策与红溪惨案》，《历史档案》1992 年第 4 期，第 101—102 页。

是相比于清朝的人权观念的进步。毕竟这一时期，国家形态已从晚清的集权专制国家转向一个"共和制"和"契约型"国家。1912年，中华民国南京临时政府的成立，无疑标志着我国历史上第一个资产阶级共和国的诞生。孙中山在就任中华民国临时大总统之后，根据资产阶级"自由、平等、博爱"的精神与"天赋人权"的原则，先后颁布了许多关于保护人权的法令。孙中山与南京临时政府在侨务上的重要成果之一就是开始重视保护华侨的人权。作为华侨出身的革命家，孙中山对于广大海外华侨，既有对其不幸遭遇的深刻同情，又有对其支持革命的深厚感激。1912年3月，南京临时政府公布了《临时大总统关于妥筹禁绝贩卖猪仔及保护华侨办法致外交部令》，对被当作"猪仔"一样贩卖和对待的侨胞深表同情，明确规定："曩在清朝，熟视无睹，致使被难同胞，穷而无告。今民国既成，亟应拯救，以尊重人权，保全国体。"① 对于袁世凯，为了获得政治合法性，在政治实践中他也必须保留一定的民主共和的形式，即使是体现其专制独裁的《中华民国约法》，其中也有保障人权和自由的相关条款和规定。从袁世凯执政期间的侨务政策和护侨政策来看，可见他还是愿意保护华侨的。袁世凯曾多次发文和下令要保护华侨，严惩侵侨与害侨的行为与事件。1912年12月，他在《布告闽粤等省保护华侨文》中就明确声明："前清末造，亦有保护侨民之议，而奉行不善，实效未彰。方今民国肇兴，凡属中华国民，咸得享同等之权利。所有闽粤等省回国侨民应责成各该省都督、民政长通饬所属，认真保护。"② 结合这一布告看，就其地域范围而言，保护华侨局限于闽粤等沿海省份；就保护对象而言，侧重于回国侨民，但是该布告又明确指出"凡属中华国民，咸得享同等之权利"，由此可见袁世凯把海外侨民也视为中华民国之国民，既然如此，基于其权利，民国政府当然应该对其进行保护。

---

① 中国第二历史档案馆编：《中华民国史档案资料汇编（第二辑）》，江苏人民出版社1981年版，第36页。

② 李宗一、章伯锋主编：《北洋军阀（1912—1928）》（第二卷），武汉出版社1990年版，第1365页。

二 泗水惨案的最终交涉协议体现出印度尼西亚以及荷属华侨人权待遇上的巨大进步

泗水惨案发生之后，孙中山等人非常重视。1912 年 2 月 26 日，南京临时政府召开内阁会议，最后确定了对荷兰交涉的四项条件：（一）限三日内释放被捕者；（二）赔偿财产损失；（三）被害者之赔偿；（四）恢复人权，将华侨与欧侨、日侨一律看待。① 从这些内容来看，南京临时政府不仅提出了经济赔偿，而且还特意强调了华侨的人权问题。对这些交涉条款，南京临时政府要求荷兰政府一周内给予答复，否则就将禁阻民国与荷兰之间的通商，并且不准民国内悬挂荷兰国旗。②

由于对外交涉的局限，南京临时政府只好将荷兰殖民政府虐待华侨和制造泗水惨案之事向袁世凯政府汇报，催促袁世凯在北京向荷兰政府提出交涉，以期迅速解决华侨受虐之事。袁世凯表示，"华侨遭厄，自必竭力救拯，现政府尚缺统一，交涉各事，每令人轻视，棘手极多。"③ 尽管袁世凯一开始在此事上表现有所迟缓，但他还是一方面致电中国驻荷兰公使刘镜人令其与荷兰政府交涉，另一方面也通过外交部向驻北京荷兰公使展开交涉。

经过民国政府与荷兰政府的多次交涉，直到 1912 年 4 月 18 日，荷兰政府才同意释放被捕的华侨，双方达成了惨案的最终解决协议：荷兰政府对涉案之荷人进行惩处，释放被关押的华侨，抚恤死亡华侨之家属，医治受伤之华侨，赔偿华侨的财产损失。其中最为重要的一条是，荷兰政府必须将旅居荷属华侨和荷兰人一律同等看待。④ 从协议条文看，这一条对保护海外华侨的人权和提升其地位可以说意义非

---

① 王耿雄编：《孙中山史实详录（1911—1913）》，天津人民出版社 1986 年版，第 200—201 页。

② 罗元铮主编：《中华民国实录：际会风云》，吉林人民出版社 1998 年版，第 33 页。

③ 中国第二历史档案馆编：《南京临时政府遗存珍档（六）》，凤凰出版社 2011 年版，第 2029 页。

④ 罗元铮主编：《中华民国实录：际会风云》，吉林人民出版社 1998 年版，第 34 页。

常重大。不过,民国政府与荷兰政府达成的协议中,还有一条专门规定必须逐条履行和落实所有条款。对于这些协议在日后具体实践中的体现与效果,如在 1930 年,民国驻泗水领事馆仍然报告说华侨的平等待遇还没能够实现,[①] 本书对此姑且不论。

仅就协议内容看,对于保护荷属华侨而言,主要涉及其在居住国的待遇问题。外国人待遇是指外国公民在其居住国享有权利和承担义务的一种综合。外国人待遇制度是确定和维护一国海外公民权益的国际法标准和依据之一。在国际实践中,对外国人的待遇往往采取不同的原则和标准,较为常见的有国民待遇、最惠国待遇、差别待遇和互惠待遇等。[②] 海外中国侨民以往通常都是受到差别待遇,华侨地位往往要低于欧侨、美侨和日侨。在印度尼西亚,荷兰殖民者以优等民族自居,华侨的法律地位则处于最低等,备受各种歧视和凌辱。[③] 由于缺乏国家的关注与保护,荷兰人把当地华侨视为"无国之民"[④],甚至连荷兰儿童都可以肆意辱骂、殴打华侨而不受任何惩处。即使对于泰侨而言,他们也都可享受与欧侨同等的待遇。[⑤] 而广大华侨却无法享受这一待遇。

泗水惨案的交涉成功,反映出民国政府对华侨人权的重视以及为此所作的外交努力。它也表明,华侨不再是任人宰割的弃民和流民,新生的民国政府开始把华侨视为自己的国民并施以保护。

三 泗水惨案的交涉成功是孙中山与袁世凯等共同努力维护华侨权益的结果

泗水惨案的交涉成功,是与孙中山为首的南京临时政府的推动、

---

① 《外交部公报》,中华民国十九年七月,第三卷,第三号。

② 黎海波:《海外中国公民领事保护问题研究 (1978—2011)》,暨南大学出版社 2012 年版,第 41 页。

③ 温广益等编著:《印度尼西亚华侨史》,海洋出版社 1985 年版,第 299—300 页。

④ 中国第二历史档案馆编:《南京临时政府遗存珍档 (六)》,凤凰出版社 2011 年版,第 1984 页。

⑤ 李学民、黄昆章:《印尼华侨史 (古代至 1949 年)》,广东高等教育出版社 2005 年版,第 300 页。

以袁世凯为首的北京政府的正式交涉、华侨联合会的呼吁以及国民外交的促动等因素分不开的。无论是从惨案交涉中正式的政府代表（外国列强承认的），还是交涉成功的时间与最终成果等看，以袁世凯为首的北京政府的作用都不可否认。

1. 从泗水惨案交涉中正式的政府代表看，南京临时政府并未得到列强认可

辛亥革命成功之后，以孙中山为首的革命党人组建了中华民国南京临时政府。

南京临时政府当时面临着较为严重的内忧外患，尤其是面临着列强的干涉与侵略，因此临时政府当时的首要任务之一就是争取各国的承认。为了获取外国列强的承认与支持，1912 年 1 月 5 日，南京临时政府发布了《告各友邦书》，其中就明确承认了清朝政府与帝国主义国家之间所签订的不平等条约依旧有效。1 月 11 日，临时政府外交部正式成立，由王宠惠担任第一任外交总长。接着，王宠惠先后多次致电美国、英国等国，要求它们承认临时政府。然而，这些努力都未得到列强的答复。①

泗水惨案发生后，泗水华侨急电上海华侨联合会和国内政府，通报情况并请其援助。华侨联合会得电后，立即召开大会，商讨交涉解决办法。会议后来决定派林文庆等人前往南京拜会孙中山，商议就此与荷兰政府严正交涉，此外还呼吁社会各界对此事予以积极声援。②孙中山在得知此事之后，对泗水惨案和华侨的遭遇非常关心。尽管南京临时政府对保护华侨和交涉泗水惨案都持一种积极的态度，但由于它一直没有为列强所承认，这就使得其外交交涉活动受到较大的影响和牵制。相对而言，列强当时较为看好袁世凯，如英国外交大臣葛雷以及美国驻华公使嘉公恒等都表达了对袁世凯主政的期望与支持。③正是在列强的大力施压下，再加上袁世凯的逼宫与革命党内部的混乱

---

① 熊志勇等：《中国近现代外交史》，北京大学出版社 2014 年版，第 179 页。
② 《泗水华侨之血泪》，《申报》1912 年 2 月 25 日。
③ 石源华：《中华民国外交史》，上海人民出版社 1994 年版，第 24—25 页。

等，孙中山只得在清帝宣布退位的第二天辞去临时大总统职位。袁世凯在就任临时政府大总统之后，立刻让外交部照会外国政府，并且向海牙万国和平会致电，希望以维持清朝的不平等条约和妥协退让来换取外国政府对北京政府进一步的承认与支持。所以孙中山只得命令外交总长王宠惠就泗水惨案等致电主掌北京大权的袁世凯，请求和催促其与荷兰政府交涉。

2. 从泗水惨案交涉成功的时间和最终成果看，以袁世凯为首的北京政府功不可没

1912 年 1 月 1 日，孙中山在南京宣誓就职临时大总统，组建了中华民国临时政府。1912 年 2 月 13 日，孙中山提出辞去临时大总统一职，并向临时参议院推荐袁世凯以自代。1912 年 2 月 15 日，临时参议院通过选举，选出袁世凯为第二任临时大总统。1912 年 3 月 10 日，袁世凯在北京就任临时大总统。1912 年 4 月 1 日，孙中山在南京向临时参议院正式辞去临时大总统一职。1912 年 4 月 2 日，临时参议院正式决议南京临时政府迁往北京。这表明了孙中山南京临时政府统治的正式结束以及袁世凯北京政府统治的正式开始。而民国政府与荷兰政府就泗水惨案达成最终的解决协议是在 1912 年 4 月 18 日。[①] 这一协议是民国政府在泗水惨案交涉中所取得的最大的胜利成果。而这是在南京临时政府结束之后所取得的。由此可见，以袁世凯为首的北京政府功不可没。

---

① 罗元铮主编:《中华民国实录:际会风云》，吉林人民出版社 1998 年版，第 34 页。

第三章

新中国成立以来领事保护的
"国家困境"（1949—1977 年）

第一节　新中国成立以来领事保护发展的
历程与特点（1949—1977 年）

一　新中国成立以来领事保护发展的四个阶段

新中国成立初期，海外华侨大约有一千二三百万人，分布于世界各地，尤其是以东南亚国家居多。① 新中国成立以来（1949—1977年）领事保护的发展历程可以概括为以下四个阶段：

其一，1949—1953 年，明确海外华侨的国民身份与政治认同，强调保护海外华侨的正当权益，对迫害华侨事件发表严正声明、抗议和警告。

1949—1953 年，新中国政府在海外侨务上继承了晚清以及民国时期的"血统主义原则"，② 因而"主张所有海外华侨都是中国国民，都应在政治上认同中国"③，对中国政府尽义务。因此，在政治上，海外华侨要在行动上配合中国政府，紧密"团结在中央人民政府的周围，组成海外爱国统一战线，反对美国等资本主义国家对中国的封锁

---

① 任贵祥主编：《海外华侨华人与中国改革开放》，中共党史出版社 2009 年版，第 66页。

② 庄国土：《新中国政府对海外华侨政策的变化（1949—1965 年）》，《南洋问题研究》1992 年第 2 期，第 2 页。

③ 同上。

与孤立,打击国民党反动势力"①;在经济上,中央政府鼓励广大华侨通过侨汇和购买公债等形式密切与中国的经济关系,积极支持祖国经济建设;在文化教育上,则"规定海外的侨报和华侨学校的首要任务是宣传和报道祖国以及培养爱国的华侨后代。"②

中国政府则对广大海外华侨负有保护责任,强调保护海外华侨的正当权益。1949年中国人民政治协商会议第一届全体会议通过的具有临时宪法性质的《共同纲领》,第五十八条就明确规定:"中华人民共和国中央人民政府应尽力保护国外华侨的正当权益。"③

这一时期,中国政府的海外华侨政策引起了海外华侨居住国主要是东南亚一些国家的紧张与恐慌。这些国家担心共产党控制华侨输出革命,因此在"反共"的借口之下大肆迫害、排斥与驱逐当地华侨,如马来西亚、泰国、菲律宾与越南等都有大量迫害华侨的事件发生。

针对东南亚国家政府与殖民当局对广大华侨的迫害事件,限于当时外交上的困境(当时与这些排华国家大多都未建交)以及经济与军事实力的落后等因素,中国政府只能采取两方面的对策进行"领事保护":一方面,中国政府先后对泰国、马来西亚殖民当局以及菲律宾等国政府的排华暴行发表严正声明、抗议和警告。1950年,"外交部专门拟定了《关于华侨受排斥及迫害问题处理意见》以及《关于在兄弟国家中华侨问题的初步意见》",④ 通过这两个文件确定的主要对策是声明或抗议的政治方式;另一方面,中国政府开始着手接纳与安置回国的难侨。1950年,外交部就提议中侨委要设法收容和安置回国难侨。1952年中共中央《关于海外侨民工作的指示》进一步强调,

---

① 庄国土:《新中国政府对海外华侨政策的变化(1949—1965年)》,《南洋问题研究》1992年第2期,第2页。

② 同上。

③ 李嘉:《"海外关系是个好东西"——论邓小平侨务理论》,《上海市社会主义学院学报》2004年第5期,第61页;《建国以来重要文献选编》第1册,中央文献出版社1992年版,第13页。

④ 庄国土:《新中国政府对海外华侨政策的变化(1949—1965年)》,《南洋问题研究》1992年第2期,第2页。

当前我国侨民政策的一个主要任务就是要"收容被迫回国难侨"。①
从 1949 年到 1953 年年底,"中国政府接待与安置的回国难侨不下于
2 万人"。②

其二,1954 年—1958 年,取消双重国籍,鼓励华侨归化于当地。

1954 年,为打破美国等资本主义国家对中国的孤立、封锁与遏
制,拓展中国的国际空间,改变中国在国际上的地位,中国开始进行
外交上的战略调整,尤为重视与亚非拉国家之间建立发展关系,从而
拓展中国东南与西南方向的睦邻外交。

然而,新中国成立之后,周边的东南亚国家对中国一直存在一定
的疑虑与戒备。华侨被视为中共与新中国"输出革命"的第五纵队,
华侨的双重国籍往往也成为这些国家反华反共以及制造国际纠纷与矛
盾的一个重要借口。

1954 年,在瑞士日内瓦会议上,周恩来总理与印度总理尼赫鲁共
同倡导和提出了处理国际关系的和平共处五项原则。③ 而要打破美国
的遏制和封锁,坚持和平共处五项原则与周边国家处理与拓展外交关
系,发展睦邻外交,其中的一个关键问题就是要解决华侨的双重国籍
问题。1954 年 8 月,中国和印度尼西亚之间就开启了关于双重国籍
谈判的筹备工作。1954 年 11 月 2 日至 12 月 23 日,两国政府就这一
问题进行了初步谈判。1955 年,周恩来总理率团到印度尼西亚万隆
参加亚非会议,4 月 22 日,周恩来总理代表中国政府与印度尼西亚政
府签订了《中华人民共和国和印度尼西亚共和国关于双重国籍问题的
条约》。④ 由此,中国政府正式放弃双重国籍政策,凡持有外国国籍
者,就自动丧失中国国籍。此后,中国又先后与尼泊尔(1956 年)、

---

① 张赛群:《建国初期我国海外护侨工作及其启示——以东南亚地区为例》,《华侨大
学学报》2014 年第 2 期,第 44 页。

② 庄国土:《新中国政府对海外华侨政策的变化(1949—1965 年)》,《南洋问题研
究》1992 年第 2 期,第 4 页。

③ 周贝贝:《新中国的侨务政策变迁与外交形势互动——以 1949 年至 1965 年为限》,
《青春岁月》2013 年第 2 期,第 349 页。

④ 同上。

蒙古（1957年）、马来西亚（1974年）、泰国（1975年）、菲律宾（1975年）及缅甸（中缅就双重国籍问题于1954—1956年进行了多次协商谈判，虽然并未达成一个正式条约，但1956年周恩来总理的仰光发言基本表明了中国方面的正式立场）[①] 等国通过谈判与签约和平地解决了双重国籍问题。[②]

双重国籍的放弃，标志着中国与海外华侨关系的一个重要转变，是"中国对海外华侨的政策受制并服从于外交政策需要的结果。"[③] 在当时的国际形势下，中国政府为了在"和平共处五项原则基础上发展外交关系""尤其同周边国家之间的关系"，因此，鼓励华侨自愿选择当地国籍，在居住国落地生根，归化于当地。后来邓小平在1978年访问缅甸时就曾指出，当时主要是"考虑到亚洲国家，尤其是东南亚的一些国家华侨较多"，这些华侨的"住在国比较注意这个问题，鼓励华侨自愿加入住在国国籍，这对我们国家与住在国的关系有好处。"[④]

其三，1959—1965年，推行"三好"政策，开始大规模撤侨。

中国政府解决华侨双重国籍问题的外交努力与相应政策以及鼓励广大海外华侨归化于当地的侨务政策与态度，并未收到预期的良好效果。这是因为在一些国家华侨问题的实质并不在于国籍问题，而是在于居住国对当地华侨的排斥、歧视与迫害等问题。

20世纪50年代末，印度尼西亚和菲律宾等东南亚国家，为了维护本族特权，可以压制与排斥当地华侨，制订了一系列限制华侨经营的法令，如菲律宾政府颁布的《零售商菲化法案》中就规定禁止外侨

---

① 范宏伟：《二战后缅甸华侨"双重国籍"问题研究》，《厦门大学学报》2005年第4期。

② 齐鹏飞主编：《中国共产党与当代中国外交（1949—2009）》，中共党史出版社2010年版，第292页。

③ 程希：《从"双重国籍"的放弃看中国侨务与外交的关系》，《东南亚研究》2004年第3期，第64页。

④ 李嘉：《"海外关系是个好东西"——论邓小平侨务理论》，《上海市社会主义学院学报》2004年第5期，第61页；中央文献研究室编：《邓小平年谱（1975—1997）》上册，中央文献出版社2004年版，第260—261页。

开办新零售业。泰国政府也以遏制共产主义颠覆为名,关闭华侨报馆,搜查华侨学校和商店,大肆逮捕华侨。此时,美国也借机宣扬华侨是中国共产党与政府的"第五纵队",在东南亚国家阴谋搞颠覆活动,这就进一步引发了海外华侨、中国与东南亚国家之间的纠纷与紧张。为此,1958 年年底,中国政府提出了解决华侨问题的三项原则,也被概括为"三好"原则或政策,即"华侨自愿加入侨居国国籍,很好;华侨自愿保留中国国籍,同样好;华侨愿意回国参加祖国建设的,也好"。[①]

1959 年,印度尼西亚总统苏加诺签署《总统第十号令》,禁止外侨在印度尼西亚乡镇等地经营零售业。印度尼西亚右翼势力则借此大肆煽动国民的排华情绪。随着印度尼西亚排华的加剧,华侨纷纷要求回国。1960 年 2 月,国务院决定成立以廖承志为主任的"中华人民共和国接待和安置归国华侨委员会",[②] 在闽、桂、粤、滇等省及华侨入境港口等处设立专门的机构,以便接待与安排难侨,并热烈欢迎愿意回国的华侨参与到祖国建设中来。基于此,"中国政府决定派船到印度尼西亚去接回华侨。1960 年年底,约 9.4 万名印度尼西亚难侨回国。1961 年,大约有近万名难侨回国"。[③] 一直到 1967 年 10 月中国与印度尼西亚断绝外交关系为止,[④] 中国从印度尼西亚共接回难侨 9 万多人。[⑤]

1962 年中印边境战争爆发前后,当地华人遭到印度当局的非法逮捕与驱逐。中国外交部先后提出严重抗议,并表示将派船接回难侨。

---

① 王子昌:《海外华人与国籍法——国籍法的社会学分析》,《现代法学》2003 年第 2 期,第 174 页;任贵祥主编:《海外华侨华人与中国改革开放》,中共党史出版社 2009 年版,第 78 页。

② 钟龙彪:《当代中国保护境外公民权益政策演进述论》,《当代中国史研究》2013 年第 1 期,第 46 页。

③ 庄国土:《新中国政府对海外华侨政策的变化(1949—1965 年)》,《南洋问题研究》1992 年第 2 期,第 9 页。

④ 钟龙彪:《当代中国保护境外公民权益政策演进述论》,《当代中国史研究》2013 年第 1 期,第 46 页。

⑤ 聂功成:《关山度若飞:我的领事生涯》,新华出版社 2009 年版,第 8 页。

1963 年，中国政府从印度接回华侨 2300 余人。①

其四，1966—1977 年，受极"左"思潮的影响，"文化大革命"时期"海外关系复杂论"盛行，中外领事条约的签订工作基本停滞，中国的对外领事关系受到很大影响。20 世纪 60 年代末，外国在中国设立的领馆减少至 6 个，中国在外国设立的领馆也减少至 5 个。② 这一时期的领事保护工作由于资料缺乏等原因就不详细论述。

20 世纪 70 年代，印支三国（越南、老挝、柬埔寨）由于政治动荡等因素掀起排华浪潮，中国政府也开始接受印支难民。当然，对于这一事件的处置则主要是在改革开放之后了。中国一开始主要是从难侨的角度来对待和处理，而到了 1979 年之后，则转向从难民的角度来进行处理。③

二 新中国成立以来领事保护的总体特点

1. 国内制度上对华侨权益的重视与对外领事关系上的滞后

1949 年中国人民政治协商会议第一届全体会议通过的具有临时宪法性质的《共同纲领》第五十八条就明确规定："中华人民共和国中央人民政府应尽力保护国外华侨的正当权益。"④ 1954 年通过的《中华人民共和国宪法》第九十八条也明确规定："中华人民共和国保护国外华侨的正当的权利和利益。"⑤ 此外，外交部于 1954 年制定的《关于领事工作任务的初步规定》中也进一步强调：对华侨的正当权益要采取积极的保护措施。⑥ 1957 年，又草拟了《中华人民共和国领

---

① 陈传仁：《海外华人的力量：移民的历史和现状》，世界知识出版社 2007 年版，第 232 页。

② 《新中国领事实践》编写组编：《新中国领事实践》，世界知识出版社 1991 年版，第 21 页。

③ 周聿峨、郑建成：《在华印支难民与国际合作：一种历史的分析与思考》，《南洋问题研究》2014 年第 3 期，第 44 页。

④ 《建国以来重要文献选编》第 1 册，中央文献出版社 1992 年版，第 13 页。

⑤ 齐鹏飞：《1978 年以来中国共产党和中国政府对于海外华侨华人的政策及其成功经验述略》，《中共石家庄市委党校学报》2007 年第 5 期，第 34 页。

⑥ 王涛：《我国外交保护法律制度研究》，硕士学位论文，吉林大学，2012 年，第 20 页。

事条例（试行）》①。由此可以看出，当时中国政府在内政上对华侨权益的保护是很重视的，然而这一时期的领事关系发展却很滞后，这就在较大程度上制约了领事保护的发展。这种滞后主要体现为以下三个方面：

首先，自新中国成立到 20 世纪 60 年代初，共"有 13 个国家在中国设有 30 个领事机构"，而中国则只在 8 个国家设有 14 个领事机构。② 到了 1978 年年底，中国只在巴基斯坦、日本、波兰、瑞士、埃及、坦桑尼亚和加拿大这 7 个国家设有领事馆，而在中国设领的仅有日本、尼泊尔和波兰这 3 个国家。③

其次，新中国成立之后的较长一段时间内，一直没有就发展对外领事关系积极主动地同其他国家谈判或签订领事协议与条约，④ 无论是对资本主义国家还是对社会主义国家，都是如此。

最后，虽然《维也纳领事关系公约》已于 1967 年生效，但中国一直到 1979 年之前都没有加入这一公约。这也容易引起其他国家的顾虑与担心，既使得领事关系难以发展，也使得领事问题容易趋于复杂化。⑤

2. 领事保护对象上虽以华侨为主，但也扩展包容了海外中国公民与法人

从新中国成立到改革开放之前，总共出境的人数只有 28 万人次⑥，平均每年不到 1 万人。除定居国外的华侨之外，当时能够自由出境或因私出境的中国公民并不多，临时出境者大多数都是因公出境。由于这一时期领事保护的对象主要是海外华侨，因此领事保护工

---

① 许育红：《公民领事服务指南》，法律出版社 2015 年版，第 257 页。
② 钟龙彪：《当代中国保护境外公民权益政策演进述论》，《当代中国史研究》2013年第 1 期，第 46 页；《新中国领事实践》编写组编：《新中国领事实践》，世界知识出版社1991 年版，第 20 页。
③ 丘日庆主编：《领事法论》，上海社会科学院出版社 1996 年版，第 19 页。
④ 《中国领事工作》编写组：《中国领事工作》上册，世界知识出版社 2014 年版，第24 页。
⑤ 同上书，第 25 页。
⑥ 同上书，第 331 页。

作也往往被称为"护侨"。① 不过,从中国与民主德国、捷克斯洛伐克以及苏联等国签订的领事条约来看,其中都有条款规定领事工作要保护派遣国及其公民和法人的权益。② 由此可见,领事保护的对象也扩展包含了海外中国公民(临时出国或未定居者)与法人。

3. 政府性领事事件占据主导

归结起来,中国公民海外安全风险(领事保护事件)可以分为自然风险(地震、海啸、疫病等自然因素引发的风险)、社会风险(社会发展差异等因素所导致的绑架、抢劫等犯罪活动以及交通肇事等)、商务风险(经济与劳工纠纷等)、政局风险(政局动荡不稳所导致的风险)与政府风险(政府不法行为所导致的侵害等)五大类型。③ 其中,政府风险在改革开放以前,可谓是中国公民海外安全风险的主导类型,如在晚清、民国以及新中国成立初期外国政府对海外华侨的歧视、排斥、驱逐与打压等。新中国成立以来,由于出国公民较少,个体性领事事件相对较少,案件种类也较为单一,政府性因素引起的领事事件占据主导。

4. 领事保护的国家特征较为突出

现代的领事保护,不仅是一项国家权利,而且也是一项个人权利。对外,领事保护属于国家权利,反映了本国与国际社会的互动关系;对内,领事保护属于个人权利,体现出国家与公民之间的互动关系。因此,领事保护就要受到国际关系以及国家—社会关系的多重影响。

首先,从国际关系层面看,新中国成立之后,迫切需要巩固政权,恢复和发展国民经济,建立起正常的国际关系。新中国政府宣布废除一切不平等条约(包括以前的领事条约),希望在和平共处五项

---

① 许育红:《公民领事服务指南》,法律出版社 2015 年版,第 253 页。

② 同上书,第 260 页。

③ 顶针智库将海外安全风险分为自然风险、社会风险、商业风险与政治风险四类。见顶针安全·顶针智库:《中国公民境外安全报告:2015》,时事出版社 2015 年版,第19—23 页。

原则的基础之上，同其他国家之间建立和发展平等友好的外交关系。[①]
然而在当时国际格局的影响下，即以美国和苏联为首的两大阵营的冷战对峙之下，西方资本主义国家基于意识形态的分歧，拒不承认新中国社会主义政权。以美国为首的西方资本主义阵营，对新中国实行经济封锁、政治孤立和军事包围的政策，企图扼杀新生的社会主义政权。这就迫使新中国采取"一边倒"的外交政策，在政治上向苏联"看齐"。从 20 世纪 50 年代后期到 60 年代末这段时期，世界局势进一步分化、动荡与演变，东西方两大阵营的内部都开始发生一定的分化与分裂。1956 年苏共 20 大成为中苏两党分歧的开始。后来这种两党关系的裂痕进一步扩大到两国关系。美国继续执行反华政策，而苏联则试图控制中国，从政治上、经济上和军事上对中国施加种种压力，致使中苏同盟关系破裂。因此，中国开始调整"一边倒"的外交战略，推行既反帝又反修的外交战略，也就是"两个拳头打人"的外交战略。这一时期，中国为了摆脱外交困境，广泛团结第三世界和部分西方资本主义国家，进一步提出了两个中间地带的战略论断。从 20 世纪 70 年代初期到改革开放之前，随着国际形势的变化，尤其是美苏两国外交态势的变化，中国的外交战略进一步调整，提出了"联美反苏"的"一条线"和"一大片"战略。

其次，从国家—社会关系层面看，新中国成立之后，为了迅速改变半殖民地半封建社会所导致的一穷二白的状况，大力发展中国的现代工业，必须举全国之力，保障各项资源向工业部门流动，集中重点项目建设。而要有效地实现这一目标，计划经济无疑是最为有效的手段。[②] 政府可以通过行政手段，借助行政计划和指令来保障工业的优先发展。而这种计划经济模式也曾推动苏联经济的高速发展，为苏联取得二战的胜利奠定了经济基础。而这又构成了一种示范效应。在经济因素与政治因素的交叠影响之下，再加上当时共产党对马克思主义

---

① 陈启懋：《两极格局瓦解后国际矛盾的变化与发展》，《国际展望》1992 年第 1 期，第 17 页。

② 蔡天新、陈明德：《再论新中国选择计划经济的历史原因》，《北京工业大学学报》2011 年第 5 期，第 72 页。

与社会主义认识上的"教条化"与某种偏差,从而导致了"计划经济就是社会主义"这一错误思维的形成。因此,中国逐步建立起与计划经济体制相适应的由政府掌控一切、人们依附于权力的全能控制型社会管理模式。这样就铸就了国家与社会良性互动的困境。

总体来看,这一时期的领事保护较大程度上受制于国际环境与国际关系的影响,如 1949—1953 年,当时主要出于冷战的需要,为了反对美国等资本主义国家对中国的封锁与孤立以及打击国民党反动势力等,中国政府主张所有海外华侨都是中国国民,都应在政治上认同中国,对中国政府尽义务;后来在 1954—1958 年,出于拓展与亚非拉国家和平友好关系的需要,宣布放弃双重国籍,鼓励华侨归化于当地。基于国际关系中国家利益的考量以及国家—社会关系中国家的主导特征,领事保护中的国家利益与"侨民"利益之间呈现出一定的张力与矛盾,领事保护的国家特征较为突出。

第二节 案例分析:巴西九人案与新中国成立以来的领事保护(1949—1977 年)

20 世纪 60 年代发生的"巴西九人案",这是新中国成立之后至改革开放以前,在拉美地区发生的最为重要的涉外与领事保护事件之一。[①]"巴西九人案"不仅在中国和巴西引起强烈反响,而且还涉及对美国以及台湾地区的"外交"斗争问题,此外,还有 80 多个国家的机构、团体与个人都表达了他们对此事的关注与支持。因此,巴西九人案的世界影响很大。然而,以往的研究大都侧重于对这一事件过程的概述,[②]较为缺乏对这一重要领事保护事件的理论分析。本文将结合一些外交官与当事人的回忆,借助领事保护的相关理论来对这一

---

① 朱祥忠:《震惊世界的"中国九人案"》,《党史博览》2009 年第 8 期,第 46 页。

② 相关研究主要有:王勇《20 世纪 60 年代巴西军政府制造的一起反华闹剧》,《党史纵览》2006 年第 7 期;朱祥忠《震惊世界的"中国九人案"》,《党史博览》2009 年第 8 期;刘守旭、徐萍编著《大国风范:中华人民共和国外交历程》,世界知识出版社 2013 年版。

事件做一探讨。

一　巴西九人案的历史背景

20 世纪 50 年代初，古巴爆发了民族民主革命战争，反对亲美独裁统治。经过了几年艰苦的革命斗争，古巴人民在 1959 年 1 月终于取得胜利，从而在拉丁美洲建立了第一个摆脱美国帝国主义控制的社会主义国家。20 世纪 60 年代初，在古巴革命的影响之下，拉丁美洲人民进一步掀起一股反对美国经济剥削和政治压迫的游击运动和武装战争。1960 年，巴西举行大选，全国民主联盟的总统候选人夸德罗斯竞选获胜，成为共和国总统，工党领袖古拉特担任副总统。夸德罗斯在执政期间改变了巴西外交政策的方向，从面向美国和西方国家转而面向中立国家和共产主义国家。他还委派以古拉特为首的国家代表团访问苏联和中国。①

1961 年，夸德罗斯总统辞职后由古拉特继任总统。美国认为古拉特统治下的巴西将演变为古巴与苏联社会主义集团的联盟。因此，积极煽动巴西右派军人发动政变推翻古拉特政府。② 1964 年 3 月 31 日深夜至 4 月 1 日凌晨，巴西猩猩派军人在美国的鼓动与支持下发动军事政变，推翻了古拉特政府。以布朗库为首的亲美派军人得以上台执政。

在古拉特就任总统期间，为了推动中巴关系的发展，经巴西同意，中方先后派出九名工作人员到巴西开展工作，他们分别是：新华社记者王唯真与鞠庆东，中国国际贸易促进委员会驻巴西代表处副代表王耀庭以及工作人员马耀增与宋贵宝，赴巴西经济贸易展览筹备小组组长侯法曾以及工作人员王治、苏子平与张宝生。③

就在政变发生的第二天，美国以及巴西的亲美政权为了掀起一股

---

① 〔巴西〕若泽·马里亚·贝洛：《巴西近代史》，辽宁大学外语系翻译组译，辽宁人民出版社 1976 年版，第 699 页。

② 〔委〕D. 博埃斯内尔：《拉丁美洲国际关系简史》，殷恒民译，商务印书馆 1990 年版，第 244 页。

③ 朱祥忠：《震惊世界的"中国九人案"》，《党史博览》2009 年第 8 期，第 44 页。

恶毒的反华浪潮，妄图切断中国人民同巴西以及拉丁美洲人民之间的友好关系，于是，把它们的黑手伸向了居于巴西的九名中国公民。①

当时，王唯真等四人和王耀庭等五人分别居住在巴西首都里约热内卢的两处公寓里。② 1964 年 4 月 2 日晚，巴西军警突然包围了位于里约热内卢市维尔盖鲁大街王唯真等人所在的公寓。③ 在对峙了将近一夜之后，4 月 3 日凌晨 5 时左右，巴西军警特务手持冲锋枪和警棍等武器破门而入，展开大肆搜查。最后，巴西军警虽然并未找到他们所需要的任何证据，但仍将王唯真等四人非法押往警察局。与此同时，居住在另一处的王耀庭等五人也被非法羁押到警察局。九名中国工作人员被巴西当局非法逮捕，投入监狱，④ 并遭到严刑拷打、不公正审判和政治迫害。⑤ 巴西当局在九名中国工作人员逮捕后，还使出了非常卑劣的两种手段：其一，阴谋劫持九名中国工作人员去台湾；其二，企图以九名中国工作人员交换在华关押的美国间谍。⑥ 这就酿造了震惊中外的"巴西九人案"。

二 巴西九人案中的代理领事保护

代理领事保护，是指在国际法许可的限度内，第三国（或国际组织）可以在派遣国（国籍国）的请求之下或者出于人道主义考虑代表派遣国帮助居于接受国的派遣国公民，对其实施领事保护与协助。

对于领事职务，尤其是关于领事保护与协助问题，《维也纳领事关系公约》第 5 条中有如下两项基本规定：

① 中国青年出版社编辑：《祖国忠贞九儿女》，中国青年出版社 1965 年版，第 11—12 页。

② 周溢潢主编：《惊心动魄的外交岁月——中国外交官手记》，湖南人民出版社 2006 年版，第 45 页。

③ 朱祥忠：《震惊世界的"中国九人案"》，《党史博览》2009 年第 8 期，第 44 页。

④ 同上书，第 45 页。

⑤ 刘守旭、徐萍编著：《大国风范：中华人民共和国外交历程》，世界知识出版社 2013 年版，第 88—89 页。

⑥ 李同成：《凄凉的贝鲁特：外交官纪事》，中共中央党校出版社 2000 年版，第 227—228 页。

"（1）于国际法许可之限度内，在接受国内保护派遣国及其国民——个人与法人——之利益；

（5）帮助及协助派遣国国民——个人与法人；"①

由此可以看出：其一，领事的主要职能在于保护和协助本国国民，而且更多的是代表在外本国国民的个人利益；其二，属人管辖权构成了领事保护的基础，所以国籍也就成为一国对其海外国民进行保护的判断标准。② 但是《维也纳领事关系公约》中并没有绝对限定这一基础，而是留下了许多灵活变通的余地。

结合《维也纳领事关系公约》的具体内容看，其中就有一些与此相关的规定，首先，第六条就规定："在领馆辖区外执行领事职务，在特殊情形下，领事官员经接受国同意，得在其领馆辖区外执行职务。"③

这就使得领事官员执行领事职务的范围并不需要严格对等，而是可以灵活调整。

其次，第七条规定："在第三国中执行领事职务，派遣国得于通知关系国家后，责成设于特定国家之领馆在另一国内执行领事职务，但以关系国家均不明示反对为限。"④

这就不仅扩大了一国领区的范围，而且可以拓展到第三国。

最后，第八条也规定："代表第三国执行领事职务，经适当通知接受国后，派遣国之一领馆得代表第三国在接受国内执行领事职务，但以接受国不表反对为限。"⑤

---

① 《维也纳领事关系公约》，http://www.qiaowu.cn/flfg/news_ 147. html，2015 年 8 月 13 日；《维也纳领事关系公约》，http://www.gqb.gov.cn/node2/node3/node5/node9/node111/userobject7ai1419. html. 2015 年 8 月 13 日。

② 黎海波：《海外中国公民领事保护问题研究（1978—2011）》，暨南大学出版社 2012 年版，第 40 页。

③ 《维也纳领事关系公约》，http://www.qiaowu.cn/flfg/news_ 147. html，2015 年 8 月 13 日；《维也纳领事关系公约》，http://www.gqb.gov.cn/node2/node3/node5/node9/node111/userobject7ai1419. html. 2015 年 8 月 13 日。

④ 同上。

⑤ 同上。

这就表明，在执行领事职务时，国家之间并不需要严格的对等，派遣国可以代理或代表第三国在其接受国执行领事职务，而不需要以接受国的同等要求为相应条件。这就为领事保护中国籍的突破奠定了基础。①

因此，领事关系的对等与互惠原则并不是非常严格的。在某些特殊情况下，两个或两个以上国家可以委任同一人担任领事官。即使在没有正式共同任命的条件下，领事仍然可以在某些情况下对第三国国民行使领事保护与协助。这些情况通常限于：其一，发生战争；其二，第三国与接受国之间外交关系断绝；其三，两国间的关系尚未达到交换外交和领事代表的程度。②

当两国未建交或断绝领事关系时，派遣国可以促使其海外国民，接受国（居留国）允许其委托第三国对派遣国国民进行领事保护或协助。其中关键的是要适当地通知接受国，取得它的同意，或者接受国没有明确反对也可。③ 实际上，对于领事协助，其限定条件更为宽泛。

第二次世界大战以来，第三国领事保护的情况已较为普遍。基于经费问题以及在世界各地建立有效外交和领事机构的困难，许多独立的国家通常期待友好国家的领事对其海外国民提供一定的领事保护与协助。④

结合"巴西九人案"看，由于当时中国与巴西还没有建立正式的外交关系，只好借助于第三国就九人案与巴西当局进行交涉。

1964年4月4日，中国外交部负责人紧急约见了巴基斯坦和印度尼西亚驻华大使，请他们向两国中央政府以及驻巴西大使馆转达中国政府的请求，恳请两国驻巴西大使馆代表中国向巴西当局查询和了解九名中国工作人员在巴西的具体情况。4月5日，中国外交部再次紧

---

① 黎海波：《海外中国公民领事保护问题研究（1978—2011）》，暨南大学出版社2012年版，第92—93页。
② ［美］李宗周（Luke T. Lee）：《领事法和领事实践》，梁宝山等译，世界知识出版社2012年版，第57页。
③ 同上书，第58—59页。
④ 同上书，第58页。

急约见巴基斯坦和印度尼西亚驻华大使，请他们以受中国外交部委托的名义，向巴西外交部提出具体交涉：其一，中国政府对九名中国工作人员在巴西的具体情况非常关注，迫切希望巴西政府对此予以澄清；其二，九名中国工作人员在巴西所开展的业务活动都是合法的，要求巴西当局对他们的人身安全与合法权益予以保护。[①] 此外，我国政府还特意请巴基斯坦驻巴西大使到巴西监狱探查这九名工作人员的伤势。

在巴西九人案的代理领事保护中，主要是巴基斯坦等国的领事保护与协助发挥了一定的作用。此外，柬埔寨和波兰等国，也为营救九名中国工作人员给予了一定关注与支援。

三 巴西九人案中的社会性"领事保护"

"国际关系本质上不仅仅是各国政府间关系（它当然是主体），而且也是各国民众间的关系、本国民众与本国政府的关系、本国政府与他国民众的关系。"[②] 而领事保护涉及的国内、国际关系尤为复杂，不仅涉及本国政府与本国民众的关系，而且也涉及本国政府与他国政府、本国政府与他国民众、本国民众与他国政府、本国民众与他国民众等多层关系。传统观点通常认为，本国政府与他国政府的交涉与保护方式才是最为常见，也是较受重视的。而由于领事保护牵涉关系复杂，领事事件的发生场域又是在本国领土之外，因此，政府性的领事保护就面临着资源上与能力上的多重困境。这就需要向国内社会与国际社会两个维度不断拓展领事资源。基于此，笔者曾在 2012 年提出了"社会性领事保护"这一概念，当时将它界定为：领事保护中本国政府对他国民众、本国民众与他国民众的交涉与保护方式。[③] 这一界定当时主要是针对中国与巴基斯坦之间政府间高层政治不断升温，而

---

① 朱祥忠：《震惊世界的"中国九人案"》，《党史博览》2009 年第 8 期，第 45 页。

② 叶自成：《从贾谊的民众主义看国际关系主体的重新定位》，《外交评论》2008 年第 1 期，第 45 页。

③ 黎海波：《中国公民在巴基斯坦的安全问题与领事保护对策》，《八桂侨刊》2012 年第 3 期，第 68 页。

社会层面的交流却相对滞后从而导致领事事件频发的特点提出的。现在看来，"社会性领事保护"的概念需要进一步修正，简而言之，就是指政府性领事保护之外的国内社会与国际社会的领事保护参与和协助。

中国国际贸易促进委员会主席南汉宸在首都各界人民欢迎从巴西回国的九位同志的大会上讲话中指出，在过去一年多的时间内，"包括拉丁美洲各国在内的八十五个国家的一千二百三十几个立法机构、党派、团体、企业和各界人士，二十六个国际组织和领导人，通过各种方式，反复表示了对我国人员的有力声援以及对美帝国主义和巴西当局的强烈抗议"。①

由此可见，尽管当时政府性领事保护难以开展，但巴西九人案领事保护的社会参与性却非常强。当时为了营救这九位同志，我国有关部门专门聘请了两位美国著名律师为他们辩护，但遭到巴西当局的无理拒绝。② 后来，在友人的推荐下，时任巴西律师协会主席的平托律师不顾自身安危，挺身而出，毅然担当起辩护的重任。为了维护正义，这位年过七旬的律师甚至愿意免费为九名中国工作人员辩护。"他在法庭上仗义执言，慷慨陈词，用有力的论据把检察官和法官们驳斥得哑口无言"。③ 此外，九名工作人员的家属还邀请了以日本律师长野国助为首的包括阿根廷、印度尼西亚、巴基斯坦、英国、法国和比利时等七国著名律师组成的国际律师团，以此来敦促巴西当局释放这九名工作人员。④

在九名工作人员的关押期间，其家属曾两次前往巴西监狱探监和了解情况，这不仅对巴西当局施加了一定的压力，而且也增强了这九

① 大公报社人民手册编辑委员会编：《1965 人民手册》，大公报社 1965 年版，第 408 页。

② 李同成、黄士康主编：《中国外交官在拉丁美洲》，上海人民出版社 2005 年版，第 30 页。

③ 新华社国际新闻编辑部编：《走向世界：新华社国际报道 70 年》，新华出版社 2001 年版，第 281 页。

④ 刘守旭、徐萍编著：《大国风范：中华人民共和国外交历程》，世界知识出版社 2013 年版，第 92 页。

名同志坚持斗争的信心。①

　　1964 年《人民日报》载，当时世界的公众舆论都相继愤怒声讨对这九名中国工作人员的非法判决，如智利《号角报》、朝鲜《劳动新闻》、越南《人民报》以及英中友好协会等都发表声明，逮捕与判决在巴西的九名中国工作人员完全是对司法的嘲弄。②

　　总之，这些法律协助、监狱探望和舆论宣传无疑在较大程度上推动了巴西九人案在 1965 年的解决。在国内外的压力之下，巴西政变当局只好以总统法令的方式宣布驱逐这九名中国公民出境。③

四　巴西九人案中"侨民"利益与国家利益的统一

　　"中国政府对海外华侨的政策受制并服从于外交政策，根据外交方针的变化调整侨务政策，以便服务于外交政策。"④ 由此可见，侨民利益与国家利益之间是存在着一定张力的。

　　新中国成立以来，面对当时冷战的国际环境以及中国外交的困境，中国迫切需要发展与亚非国家之间尤其是东南亚国家之间的友好关系，而华侨问题则是双方关系中需要解决的重要问题之一。在侨民利益与国家利益的衡量之中，20 世纪 50 年代中期以来，国家利益绝对高于侨民利益的原则就得以确立和实施。⑤ 这在中国与印度尼西亚之间的关系中体现得最为鲜明。再加上当时中国在经济和军事实力上的落后，对他国的排华问题以及侨民利益并无有效的保护办法。因此，寄希望于华侨团结自救、解决其双重国籍、鼓励和引导他们归化于当地以及撤侨就成为中国政府的选择。

　　而在巴西九人案的领事保护过程中，由于当时特殊的国际环境以

---

　　①　朱祥忠：《震惊世界的"中国九人案"》，《党史博览》2009 年第 8 期，第 46 页。

　　②　《中华人民共和国大典》编委会编：《中华人民共和国大典》，中国经济出版社 1994 年版，第 812—813 页。

　　③　刘新生主编：《新中国重大外交事件纪实》，上海辞书出版社 2010 年版，第 118 页。

　　④　庄国土：《华侨华人与中国的关系》，广东高等教育出版社 2001 年版，第 45 页。

　　⑤　刘宏：《跨界亚洲的理念与实践：中国模式·华人网络·国际关系》，南京大学出版社 2013 年版，第 272 页。

及这一事件的国际背景，使得侨民利益与国家利益保持了统一。

巴西九人案是由巴西亲美势力直接挑起的、美国中央情报局等插手的、台湾当局参与的一起有蓄谋的政治诬陷案。① 因此，这一事件发生后，毛主席非常气愤，立即指示要与巴西以及美国进行"针锋相对"的斗争。② 当时，在周恩来总理的亲自负责以及陈毅外长和外办副主任廖承志的直接领导之下，由外交部牵头，协助有关部门积极开展相应的领事保护工作。中国政府先后召开了各种形式的会议近四百多次，发表各式声明和文章数百篇。③

如中国外交部于 1964 年 4 月 12 日和 14 日先后两次发表了声明，对巴西的九名中国工作人员非法被捕一事表示震惊，向巴西当局提出严正抗议。1964 年 12 月 23 日，中国外交部再次发表了声明，对巴西当局的非法判决提出强烈抗议。

后来在九名中国工作人员返回祖国时，当时的国务院副总理陆定一在首都各界人民的欢迎会上指出，这九位同志的英勇斗争与胜利归来，从而"战胜了美帝国主义、巴西反动当局和蒋介石匪帮的政治迫害"，回到了伟大祖国、党中央与毛主席的怀抱，④ 由此可见，这九位侨民的胜利实际上就是国家的胜利，是社会主义祖国对美帝国主义等的胜利。

由此可见，基于当时冷战的国际背景以及巴西九人案背后的美国因素等，维护这九名中国公民的权益实际上也等于是在维护社会主义国家的权益。

后来在中巴建交的过程中，中国政府虽然担心侨民利益影响国家利益，但最终还是实现了二者的统一。

---

① 外交部外交史编辑室编：《新中国外交风云》第二辑，世界知识出版社 1991 年版，第 120 页。

② 李同成主编：《中国外交官亲历重大历史事件》，山西人民出版社 2003 年版，第 144 页。

③ 朱祥忠：《震惊世界的"中国九人案"》，《党史博览》2009 年第 8 期，第 46 页。

④ 大公报社人民手册编辑委员会编：《1965 人民手册》，大公报社 1965 年版，第 406 页。

1974 年,中巴两国在就建交问题进行谈判时,中国对于当时是否适宜提出 1964 年的巴西九人案是存在一定争议的。如有同志就认为,外交总是要向前看的,历史旧账则是算不清的,因此,出于两国关系的考虑,当时不适宜提 1964 年的九人案。①

对于这一事件,巴西这边最初也是认为双方应该向前看。但我国依然按"既坚持原则,又不纠缠于历史"的方针,强调 1964 年九人案影响非常大,而且这一案件依然没有结论。中国方面重申了"九人案"事件中的原则与立场。后来在进行第二轮谈判时,巴西就很痛快地表示:1964 年的巴西九人案从政治上而言是错误的,关于这一案件的司法诉讼并未终结的问题,巴西政府保证将采取措施予以撤销。②最后,中国与巴西达成以下口头谅解:"我们注意到并赞赏巴方所表示的 1964 年发生的案子在政治上是错误的和巴方将采取措施予以了结的明确态度。我们相信,巴方这样说,也会这样做的。"③ 1974 年8 月 15 日,中巴两国得以正式建交。

---

① 程瑞声等:《松林别墅的五位总统》,江苏人民出版社 1998 年版,第 114 页。

② 同上书,第 115 页。

③ 骆亦粟:《在风起云涌的年代里:1949—1989》,新华出版社 2011 年版,第 133页。

第 四 章

改革开放以来领事保护的人本发展
（1978—2015 年）

第一节　改革开放以来领事保护发展的
历程与特点

改革开放以来，党与政府认真反思与吸取了新中国成立之后我国民主政治建设的不足以及"文化大革命"中民主遭到严重破坏的教训，开启了社会主义民主建设的新进程。在中国共产党的科学领导之下，经过全国各族人民共同的不懈探索和实践，中国特色社会主义民主政治建设取得了巨大的成就，具体体现为：社会主义民主政治建设得以整体推进；民主权利实现途径多样化；民主制度化和法治化进程加快；民主参与意识不断增强。[1] 改革开放以来，国家在保持总体控制的基础之上，开始对经济和社会等各方面的全能控制有了一定的松动和转变，在允许市场和社会有一定自由的前提下，政府逐步由计划经济时期的全能型、控制型政府向管控型、有限型政府转变，主要通过法规和政策等手段对社会实行管制。[2] 在经济发展方面，政府逐步退出市场，还权于企业和市场，一些个体经济和私营企业发展迅速，

---

[1]　王冠群、杨海蛟：《改革开放 30 年我国社会主义民主政治建设概览》，《探索》2008 年第 3 期，第 48 页。

[2]　闫岩峰：《当代中国复合社会管理模式研究》，硕士学位论文，广西师范大学，2010 年，第 18 页。

在经济发展和带动社会就业等方面发挥了日益重要的作用。在社会发展方面,政府也逐步还权于社会和人民。凡是社会能够自我调适和解决的事情,政府尽量少插手或不插手。一些社会组织开始出现并不断发展壮大,它们也逐步得到合法承认与管理。

同时,改革开放也使得中国向一个"国际化与全球化"国家转型。这种纵向与横向的"双重发展与转型"①就使得中国的领事保护具有了国际国内多重因素的影响与推动,即国内人权的直接推动以及国际人权的义务限定和影响。1979 年 7 月 3 日,中国加入世界公认的《维也纳领事关系公约》,同年 8 月 1 日起,维也纳领事关系公约正式对中国生效,这标志着中国的领事制度在程序上与国际社会正式接轨,大力推动了中外领事关系向全新时期的发展。此外,还有一系列双边领事条约的签订等也使得领事保护的法律依据更为细致和全面。

改革开放以来,中国领事保护的发展历程可以概括为三个阶段:中国领事保护发展的"人民特征"(1978—2000 年);中国领事保护发展的"人本转型"(2001—2003 年);中国领事保护发展的"人权保障"(2004—2015 年)。对于这三个发展阶段的划分及其特点的分析,笔者在《海外中国公民领事保护问题研究(1978—2011)》一书里已有详细阐述。②虽然由于出版时间等的关系,该书对"中国领事保护发展的人权保障"这一阶段的论述仅限于 2004—2011 年,不过,这一总体特征仍能将 2004—2011 年与 2012—2015 年的领事保护衔接与包容进来,而且像 2011 年利比亚大规模"撤侨",中国政府协助撤出意大利、希腊、尼泊尔和孟加拉等 12 个国家的"侨民"以及 2012年以来中国政府对海外民生工程的重视、强调与打造等都进一步体现了"中国领事保护发展的人权保障"这一特征。因此,这里就不赘述。

---

① 黎海波:《当前中国领事保护机制的发展及人权推动因素》,《创新》2010 年第 7期,第 42—45 页。

② 黎海波:《海外中国公民领事保护问题研究(1978—2011)》,暨南大学出版社2012 年版,第 1—11 页。

第二节　案例分析：中国公民在巴基斯坦的 安全问题与领事保护①

　　巴基斯坦是我国山水相连的友好邻邦。新中国成立后，也是最早承认我国并与我国建交的国家之一。自 1951 年 5 月 21 日巴基斯坦与中国正式建立外交关系以来，两国就一直在和平共处五项原则的基础上相互尊重、相互信任、相互支持与相互合作，双边关系经受了国际和国内形势变化的历久考验，特别是 1961 年以来，两国在政治、经济、科技和文化等领域得以全面发展，形成了"全天候友谊和全方位合作"的亲密伙伴关系。中巴这种经过较长时间考验、少有利益冲突的全面战略合作伙伴关系成为不同社会制度和文明国家间睦邻友好的典范。由于中巴政府关系的良性发展，使得中国人在巴基斯坦也一直享有较高的礼遇，甚至是"超国民待遇"。进入 21 世纪以来，中巴全面合作伙伴关系进一步深入发展。然而，就是在这样一个亲密伙伴国中，却频频发生针对中国人的恐怖袭击事件，由此引发了居于巴基斯坦的中国公民的安全问题。

一　中国公民在巴基斯坦的安全状况及特点

　　至 2004 年，在巴基斯坦工作和学习的中国公民总数已达 5000 人左右。再加上已在巴基斯坦定居的华侨，在巴的中国公民总数为 1 万到 1.5 万人。② 他们大多来自于建筑工程、IT 行业、能源行业和一些商贸公司。中国公民在巴基斯坦安全状况的变化与安全问题的凸显，以 2004 年为一个重要转折点。③ 从 2004 年到 2010 年，中国公民在巴

---

　　① 本部分内容以题名《中国公民在巴基斯坦的安全问题与领事保护对策》发表于《八桂侨刊》2012 年第 3 期，收入这里时有所修改。

　　② 《在巴基斯坦中国人的安全状况究竟如何》，http://news.163.com/41101/0/142IJ6F80001124T.html，2011 年 7 月 25 日。

　　③ 樊超也认为以 2004 年为起点，涉及在巴中国人的恐怖袭击问题日益凸显。参见樊超：《试论中国公民在巴基斯坦的安全保护问题》，硕士学位论文，外交学院，2008 年，第 4 页。

基斯坦先后经历了一系列安全问题的洗礼。

　　2004 年 5 月 3 日，一辆载有 12 名中国人的汽车在驶往巴基斯坦俾路支省瓜达尔港口建设工地的途中，一辆停放在路边的皮卡车突然发生爆炸。这起恐怖袭击事件导致我国工程人员 3 人死亡，9 人受伤。[①] 同年 7 月 31 日，巴基斯坦首都伊斯兰堡一家中国人经营的俱乐部发生爆炸，[②] 这一事件造成 3 名中国公民受伤。同年 10 月 9 日，中国水利水电建设集团公司巴基斯坦经理部的两名工程师在巴基斯坦与阿富汗接壤地区被 5 名武装分子劫持，巴基斯坦安全部队在 5 天后成功解救出 1 名中国工程师，另一人在行动中不幸遇难。[③]

　　2005 年下半年，巴基斯坦南部的信德省和俾路支省发生多起针对我国公司人员的抢劫事件。[④]

　　2006 年 2 月 15 日，3 名中国工程师和 1 名巴基斯坦司机在巴基斯坦俾路支省从工地返回驻地途中遭武装歹徒袭击身亡。[⑤]

　　2007 年 6 月 23 日，巴基斯坦"红色清真寺"内的激进学生袭击了一个针灸诊所，绑架了 7 名中国人作为人质。[⑥] 2007 年 7 月 8 日，4 名中国个体经商人员在白沙瓦遭武装分子袭击，其中 3 名死亡，1 名受伤。[⑦] 2007 年 11 月 3 日，为了平息国内纷乱的政治争斗以及军

<hr>

①　《中国人巴基斯坦遇难事件对比》，http://news.sina.com.cn/z/killedinba/. 2011 年 7 月 25 日。

②　《伊斯兰堡一中国人经营的俱乐部发生爆炸》，http://www.people.com.cn/GB/guoji/1029/2678591.html. 2011 年 7 月 25 日。

③　《中国人巴基斯坦遇难事件对比》，http://news.sina.com.cn/z/killedinba/. 2011 年 7 月 25 日。

④　陈一鸣：《中国人为何在巴基斯坦等国频频遭袭？》，http://news.xinhuanet.com/world/2006 - 02/16/content_ 4185537. htm. 2011 年 7 月 25 日。

⑤　《中国人巴基斯坦遇难事件对比》，http://news.sina.com.cn/z/killedinba/. 2011 年 7 月 25 日。

⑥　《7 中国员工遭绑架惊魂》，http://hsb.hsw.cn/2007 - 06/24/content_ 6368164. htm. 2011 年 7 月 25 日。

⑦　中华人民共和国外交部政策研究司编：《保护在缅甸、巴基斯坦的中国侨民案》，《中国外交》，世界知识出版社 2008 年版，第 298 页。

事冲突,巴基斯坦总统穆沙拉夫宣布全国进入紧急状态。① 巴基斯坦的这种政局动荡无疑对居住于巴基斯坦的中国公民的安全造成较大影响和威胁。

2008 年 8 月,两名中国工程人员在巴基斯坦西北部落地区遭到巴基斯坦塔利班武装分子的绑架。后来经过中国政府和巴基斯坦政府的共同努力,2009 年 2 月,上述两名被绑架人员得以安全救出。②

2009 年,巴基斯坦虽未发生影响较大的中国公民海外安全事件,但据巴基斯坦情报部门的调查信息显示,巴基斯坦塔利班计划利用伪装成乞丐的残疾青少年对巴基斯坦境内的中国公民发动自杀性袭击。③

2010 年 7 月 30 日,巴基斯坦西北部连续不断的降雨造成严重洪灾。位于科希斯坦地区的一个建筑工地被洪水冲毁,46 名中国人获救,9 人失踪。④

2012 年 2 月 28 日,巴基斯坦的一名中国女性在白沙瓦遭到不明身份的摩托车枪手的袭击而身亡。⑤

2013 年 6 月 22 日夜晚,十多名塔利班武装分子袭击了巴基斯坦南迦帕尔巴特峰的一处登山营地,造成两名中国公民以及俄罗斯和乌克兰等在内的 11 名登山队员遇害,其中 1 名中国队员侥幸逃脱。⑥

2014 年 5 月 19 日,1 名中国游客(湖北人)洪旭东在巴基斯坦德拉伊斯梅尔汗(Dera Ismail Khan)地区独自骑自行车旅行时遭到该

---

① 中华人民共和国外交部政策研究司编:《中国外交》,世界知识出版社 2008 年版,第 298 页。

② 中华人民共和国外交部政策研究司编:《中国工程人员在巴基斯坦被绑架案》,《中国外交》,世界知识出版社 2010 年版,第 321 页。

③ 《巴基斯坦情报显示塔利班欲用假乞丐袭击中国人》,http://news.sohu.com/20090707/n265032477.shtml. 2011 年 7 月 25 日。

④ 《巴基斯坦洪灾致 313 人死亡,9 名中国人失踪》,http://world.huanqiu.com/roll/2010-07/973498.html. 2011 年 7 月 25 日。

⑤ 《一名中国女子在巴基斯坦塔利班势力区遭枪杀》,http://mil.news.sina.com.cn/2012-02-29/1024683849.html. 2015 年 9 月 25 日。

⑥ 《中国领事工作》编写组:《中国领事工作》上册,世界知识出版社 2014 年版,第 349 页。

地塔利班人员的绑架。① 此外，结合巴基斯坦安全形势，2014 年中国驻巴基斯坦使馆提醒在巴中国企业和公民要"提高安全防范意识，采取必要措施加强自我保护"，不要"前往开伯尔—普什图省、俾路支省以及联邦直辖部落区等高风险地区"。②

2015 年 3 月 23 日，5 名中国公民在巴基斯坦拉合尔市遭遇歹徒持枪抢劫，这一事件致使两人受伤。中国驻巴基斯坦大使馆再次提醒中国公民要"提高安全防范意识""加强自我保护"。③

综合以上安全问题看，我国公民在巴基斯坦的遇险、遇袭和安全状况，可以归结为以下两个特点：

其一，安全事件所涉及的种类和范围较广，包括恐怖袭击、治安犯罪、自然灾害、政局动荡等。其中又以恐怖袭击和治安犯罪最为突出。就领事保护的定义看，它是指当派遣国国民在居留国受到不法侵害（国家的或个人的）或因其他原因处于困境时，派遣国的外交和领事官员等，在国际法许可的限度内，通过与其居留国（国家或地方政府）进行交涉，甚至包括采取抗议等方式来维护其权益，或提供其他必要的协助。巴基斯坦中国公民的安全问题，可以说是社会因素起主导作用，巴基斯坦政府基本没有主观侵害行为，也就是说政府性领事事件基本没有出现，2007 年巴基斯坦政局动荡并不能归于政府行为。

其二，安全事件的发生概率较高。从 2004 年到 2015 年，在巴基斯坦的中国公民几乎每年都有影响较大的安全事件发生。而且从中华人民共和国外交部政策研究司组编的《中国外交》年鉴看，从 2004 年到 2010 年，其中的领事保护栏目单独列出的有关巴基斯坦中国公民的领事保护问题就有 4 起，分别是《中国工程技术人员在巴基斯坦遇袭身亡案》《保护在缅甸、巴基斯坦的中国侨民案》《4 名个体经商

---

① 《去年在巴基斯坦遭绑架的中国公民获救》，http://world.people.com.cn/n/2015/0824/c157278-27504103.html，2015 年 10 月 9 日。

② 《中使馆提醒在巴基斯坦中国公民勿前往高风险地区》，http://www.chinanews.com/hr/2014/06-30/6332306.shtml，2015 年 10 月 9 日。

③ 《提醒在巴基斯坦中国公民注意安全》，http://pk.chineseembassy.org/chn/lsfw/t1248033.htm，2015 年 10 月 9 日。

人员被袭击案》《中国工程人员在巴基斯坦被绑架案》。其中，仅2007 年就有两起（《保护在缅甸、巴基斯坦的中国侨民案》《4 名个体经商人员被袭击案》）。由此可见，在巴基斯坦的中国公民的海外风险和安全问题是比较严重的，这一问题应该引起中国政府的关注，给予应对使其得到改善。

二 巴基斯坦中国公民安全问题产生的原因分析

巴基斯坦中国公民安全问题产生的原因，归纳起来主要包括以下三个方面：

其一，政府与个人之间的安全漏洞给犯罪分子以可乘之机。

结合巴基斯坦政府对中国公民的保护而言，可以说是恪尽职守、尽心尽力，无论是面对自然灾害，还是恐怖袭击或暴力犯罪。如2010 年的巴基斯坦洪灾，当时整个巴基斯坦面临极大的险情，需要救援的地方很多。在救灾人数众多、资源有限的情况之下，巴基斯坦当地政府仍然拨出四架直升机，专门用以救助中国公民。① 在其他涉及中国公民的保护中，巴基斯坦政府的表现也是非常积极的。

可以说，当今的巴基斯坦政府是不可能再出现警察打死华侨这样类似的历史事件的。② 而且，巴基斯坦安全部队和警方也对巴基斯坦的中国承建项目实施了 24 小时的安全防范。在这种防范之下，巴基斯坦的中国公民是较为安全的。但是，我们结合 2004—2010 年间发生的数起安全事件看，恐怖分子或不法分子对我国工程人员的袭击往往是在人员离开工作保护区和生活聚居区时进行的，尤其是在施工人员单独外出时，如下班途中或外出购物时。这就超出了巴基斯坦政府重点保护的范畴，而中国公民个人对此又往往容易丧失警惕。至于一些个体经商者和投资者，他们大都分布零散，而且与当地人的接触较

---

① 《巴基斯坦华人讲逃生经历，洪水几分钟淹没住宿地》，http://news.sina.com.cn/c/2010 - 08 - 04/051120820457. shtml. 2011 年 7 月 25 日。

② 卡拉奇警察因对当地一名华侨的做法不满而将其打死。参见聂功成：《关山度若飞：我的领事生涯》，新华出版社 2009 年版，第 40 页。

为频繁。他们的自身安全则更依赖于居留地的治安状况。[1] 如果他们缺乏安全保护的意识和经验，则更容易遭遇劫持或袭击事件。

其二，中巴关系的社会介入与中巴社会关系的脱节。

改革开放促动了中国国家与社会关系的重组。随着社会主义市场经济的确立，中国社会进一步向多元化方向发展。中巴关系中，私营和半国营行为者也不断导入。这就使得中巴关系的发展介入了社会因素。巴基斯坦中国公民的数量，也伴随着改革开放的进程而不断上涨。

长期以来，由于中巴双方政府外交的努力，中巴关系一直很好，中国人在巴基斯坦也受到较高的尊重和欢迎。自 20 世纪 50 年代中巴开启外交关系以来，数十年间几乎从未发生中国公民在巴基斯坦遭受暴力恐怖袭击的事件。然而，进入 21 世纪以来，随着中国的不断崛起以及海外利益的全球拓展，中国的国家利益会与巴基斯坦某些部族或集团的利益发生矛盾冲突，中国公司或个人的跨国活动也会与巴基斯坦当地集团或个人形成一定的利益冲突或文化冲突。中巴关系发展中，存在的一个结构性缺陷就是，官方主导的合作是中巴关系的主流形式，而中巴民间的交流缺乏恒久的动力和长效机制。[2] 2007 年 6 月发生的"红色清真寺"绑架事件，就是中巴社会文化冲突的一个典型。

其三，巴基斯坦恐怖主义的影响。

2004 年以来，巴基斯坦开始出现巴基斯坦塔利班以及基地组织的"巴基斯坦化"。[3] 随着塔利班对巴基斯坦渗透的加强，塔利班的势力和影响也在不断扩大，白沙瓦等地的恐怖袭击也逐步增加。而中国公民在巴基斯坦安全状况的变化与安全问题的凸显，也正是以 2004 年为一个重要转折点。结合前文所列举的在巴中国公民的安全事件以及

---

① 樊超：《试论中国公民在巴基斯坦的安全保护问题》，硕士学位论文，外交学院，2008 年，第 35 页。

② 同上书，第 4 页。

③ 王联：《论巴基斯坦部落地区的塔利班化》，《国际政治研究》2009 年第 2 期，第 124 页。

这一时段的转折来看，巴基斯坦恐怖主义与在巴中国公民的安全问题成一种正相关关系。① 中国公民也成为巴基斯坦宗教极端势力和恐怖主义分子甚至某些部族或集团向政府施压的重要筹码。塔利班恐怖分子阿卜杜拉·马苏德就明确表示："我不针对中国人民。中国是巴基斯坦最好的朋友。但是，我觉得侵犯中国的利益最能触动穆沙拉夫政府，这就是我下令劫持中国人的原因。"②

三　中国领事保护的对策

结合巴基斯坦中国公民安全问题的社会因素主导特点以及前文相关原因的分析，对于巴基斯坦中国公民的领事保护，可以从以下三个方面加强构建：

其一，中国政府应重视对在巴中国公民社会性领事保护的构建。

从国家—社会关系上看，巴基斯坦中国公民的遇袭等安全事件的发生，是在中巴政府之间高层政治不断升温，而民间和社会层面的交流和了解却相对滞后的背景下发生的。巴基斯坦中国公民的安全与领事保护问题，具有不同于其他地区的特点。笔者将其概括为"社会性领事保护"，它需要将领事保护与国际关系融合起来重新审视国际关系的内涵以及细分领事保护的层面。"国际关系本质上不仅仅是各国政府间关系（它当然是主体），而且也是各国民众间的关系、本国民众与本国政府的关系、本国政府与他国民众的关系。"③ 而领事保护不仅涉及本国政府与本国民众的关系，而且也涉及本国政府与他国政府、本国政府与他国民众、本国民众与他国政府以及本国民众与他国民众等多层关系。④ 传统观点中，本国政府

---

① 黎海波：《中国公民在巴基斯坦的安全问题与领事保护对策》，《八桂侨刊》2012年第3期，第67页。

② 陆南：《危险的商业盟友》，《新闻周刊》2008年1月刊，转引自樊超《试论中国公民在巴基斯坦的安全保护问题》，硕士学位论文，外交学院，2008年，第26页。

③ 叶自成：《从贾谊的民众主义看国际关系主体的重新定位》，《外交评论》2008年第1期，第45页。

④ 黎海波：《世界和谐视角下的中国领事保护》，《广东广播电视大学学报》2009年第6期，第57页。

与他国政府的交涉与保护方式是最为常见也是较受重视的。领事保护中本国政府对他国民众、本国民众与他国民众的交涉与保护方式，可以归结为一种"社会性"领事保护。结合晚清护侨的历史看，晚清政府迫于国力等因素，对海外华侨的安全保护往往更倚重于社会方式。然而在中国日益崛起的今天，从国力基础而言，完全可以直接发动政府层面的领事保护。不过，中巴政府关系发展良好，巴基斯坦中国公民安全事件的发生，与巴基斯坦政府并无直接关联。可是，这种良好的政府关系并未带来中巴社会关系的同步发展。对于巴基斯坦中国公民的安全保护，单独从政府层面着手显然已无法解决深层问题，必须综合考虑中巴关系中的社会因素。中国政府应改变传统中过分倚重政府外交的倾向，注重加强对巴基斯坦公众、非政府组织等的外交，尤其要注重对巴基斯坦的国际传播和交流，加强公共外交，改变部分巴基斯坦人对中国或中国公民的某些偏执印象。

对于领事保护中的中国公民个人而言，一方面，个人也要注重自身的义务和责任，如不要过于张扬和露财等以及要提升自我保护意识，不要单独外出等，最主要的还是要遵守当地法律，尊重他人人权和异地习俗，尤其是某些商人，要学会适度地承担社会责任，既不能把自己变成"经济动物"，也要尽力避免被别人误读为"经济动物"；另一方面，对于违法案件，个人要转变中华传统文化中那种"贱讼""轻讼""忍让"和"私了"等观念，积极利用当地司法救济等手段，坚决同不法行为做斗争。

其二，进一步加强领事保护宣传和预防机制的建设。

领事保护的宣传性体现在事件发生前的信息传播与知识普及。领事保护的预防性体现在事件发生前的预防、事件发生时的预警以及风险分类评估和信息高效送达等几个方面。

2003 年，中国政府编发了《中国境外领事保护和服务指南》中英文本，并在互联网上公告。领事司司长也多次就领事保护问题接受采访。2004 年之后，中国在领事宣传和服务方面，主要是向社会颁布《中国境外领事保护和服务指南》中英文本,① 通过新闻媒体等多渠道地宣传和普及海外中国公民寻求领事保护的基本知识。如外交部领事司或使领馆通过接受媒体专访或应邀演讲等形式向公众普及领事保护知识,以此来提高中国公民的自我保护和防范意识。

针对巴基斯坦中国公民的领事保护问题,2007 年,外交部发布了《商旅平安 100 问——中国人在巴基斯坦》,就安全防范、签证入境、衣食住行、教育就学、商务活动、领事保护等情况做了详细介绍,并慎重提醒中国公民赴巴基斯坦应该注意的各种事项。②

这是一种很好的领事宣传和预防机制。不过,此后,就没有再见到新版本的《商旅平安 100 问》等类似宣传册的问世。实际上,巴基斯坦的安全形势是在不断发生变化的。我们应该根据安全形势的变化,不断更新相关内容。如其中特别提醒的部分,就有如下内容:

"巴基斯坦近年来安全状况较差,还发生多起针对中国工程技术人员的恐怖袭击事件,并造成人员伤亡。建议中国公民赴巴旅游、经商慎重考虑。"③

"禽流感在巴基斯坦曾偶有案例,疫情并不严重。目前在巴境内没有禽流感发生。"④

由上述内容看,一则过于笼统抽象;二则不能相对及时地反映巴基斯坦的安全形势,如禽流感的发生很显然具有很强的季节性和时效性因素。所以中国政府应进一步加强领事保护的宣传和预防机制。

在预防性方面,如在墨西哥毒枭活动猖獗时,尽管还没有真正的危机发生,美国等国的使领馆很早就提醒本国公民要注意旅行安全;在风险评估方面,如 2010 年 8 月菲律宾人质事件爆发后,尽管此事

---

① 中华人民共和国外交部政策研究司编:《中国外交》,世界知识出版社 2005 年版,第 360—369 页。

② 《商旅平安 100 问——中国人在巴基斯坦》,http://www.gov.cn/gzdt/2007 - 08/23/content_ 724976. htm. 2011 年 7 月 25 日。

③ 同上。

④ 同上。

与中国直接相关,但英国的使馆在网站上及时发布了风险评估报告。①
这些都可供我们借鉴。尤其是针对巴基斯坦发动的恐怖袭击事件和恐
怖分子的活动,我国政府更要加强这方面的风险评估和预警。

此外,在领事信息送达方面,我们也可采取多种形式,如向居于
或准备前往巴基斯坦的中国公民发放领事宣传小册子,通过手机短信
和微信等新形式进行宣传和提示等,以进一步提高信息传达率和知识
普及率。

其三,加强与巴基斯坦的警务合作。

中巴在警务合作上,可以向中非警务合作学习。2004 年 9 月 1
日,中国外交部派出领事司司长罗田广与南非外交部、警察局等高层
官员进行磋商,就加强双方的警务合作,互派警务联络官等问题达成
共识。②2005 年 6 月 17 日,中国驻南非警务联络官杨慧和张茂盛从北
京抵达南非。这两位警官的任务就是协助南非警方处理针对中国公民
的犯罪活动,为旅居南非的中国公民提供必要的安全保护。据相关媒
体的调查统计显示:"2004 年在南非共有 22 名华人在抢劫袭击中遇
难,在采取加强领事保护、派驻警务联络官等一系列措施后,2005
年,这个数字直线下降到了 8 人。"③ 从中,我们也可看出警务合作对
中国公民的安全保护具有重要意义。因此,中巴也可借鉴这种警务合
作形式,对各种恐怖主义和犯罪分子绝不姑息,打击到底。对巴基斯
坦的中国公民,也要加强对他们的宣传教育以及警民合作等,提高他
们的自我保护意识。

---

① 陶短房:《海外领事保护可以做得更好》,http://news.sina.com.cn/c/sd/2010-09-
21/123721147885.shtml. 2014 年 9 月 28 日。

② 袁晔:《外长首次派遣特使,中南开展警务合作》,《参考消息》2004 年 9 月 9 日。

③ 《南非一月内四起华人命案:侨界聚首谋求自救》,http://news.sina.com.cn/w/
2006-02-16/03218216178s.shtml. 2014 年 7 月 25 日。

第 五 章

中国海外"撤侨"能力的总体评估

第一节 基于危机生命周期视角的
海外撤侨能力

一 基于动态分析的危机生命周期理论

领事保护可持续发展能力建设，简单而言，是结合特定时刻的数量表征和质量表征，对领事保护系统进行评估和改进，推动其持续发展的行动过程。展开而言，则是这样一个过程：结合领事保护可持续发展的影响因素和指标体系进行现状评估，基于信息反馈，创设适当的制度环境，改革领事保护体制，完善领事保护机制，合理且合法地动员、配置和利用领事资源，使得中央、地方、驻外使领馆、企业、媒体、（安保、救援和保险等）市场、社会组织与公民个人等在领事保护领域通过知识、技能与态度的培养和发挥来提升能力并达成可持续发展的目标。

领事保护可持续发展的影响因素，前文已有分析，主要涉及领事保护的合理性与合法性这两个方面。这里主要涉及领事保护可持续发展的价值取向问题。

领事保护的合法性，实际上也包含有一定的合理性或可向其合理性转化，即节约、拓展或有效利用领事资源，这也是强调合法性的目的之一。如领事保护中国际社会的支持与合作，就既包含合理性，也包含合法性。而在领事保护中坚持合法性，也会逐步拓展国际领事资源。因此，很难具体区分、确定和构建领事保护可持续发展的合理性与合法性指标体系。对于领事保护可持续发展能力的评估，大致可以列出这样一些指标：领事资源供给能力（领事人员、经费、科技手段和军警实力等）；领事保护预防预警能力（领事宣传教育度，信息传播渠道、细致度与送达效果、预警的及时性与明确性等）；领事保护社会动员能力（多元参与度）；领事保护国际合作能力（人权与主权意识，国际认可、支持与合作等）。

　　基于海外安全风险的不同，领事保护也可以分为很多类型。上述这些指标是对于困境型领事保护而言，尤其是对于一定规模的撤侨而言，具有较为重要的意义。然而，对于现代的不法侵害型领事保护而言，其相关性就没有那么明显，如赵燕事件（2004 年 7 月 21 日，中国天津女商人赵燕持有效护照和签证在美国旅游时，遭到美国国土安全部官员的殴打，获知这一事件之后，中国驻纽约总领馆立即派人前去探望慰问，为赵燕推荐律师，并在第一时间以照会和总领事致函等方式向美国有关部门表示严重关切。[1] 中国驻美使馆也向美国正式提出交涉。7 月 26 日，李肇星部长与美国国务卿鲍威尔进行电话交涉，严正要求美国方面就赵燕一案展开认真而彻底的调查，[2] 对肇事者进行严惩），这一领事事件的发生及其应急处置与领事资源供给能力（国力相对强大时也会发生，如现在的中国，国力相对弱小时也能实施保护，如菲律宾对其海外劳工的保护等）和领事保护预防预警能力（根本无法预警）等都没直接的相关性。

　　即使是撤侨，也可细分为很多类型，如改革开放之前从印度尼西亚等东南亚国家的撤侨与改革开放之后的撤侨就有本质性的区别。此外，还有规模上的差别。有的撤侨只有几十人，如 2003 年利比里亚撤侨中只有 36 人；有的则可达到几万人，如 2011 年利比亚撤侨中则有 3 万多人。对于小规模的撤侨，领事资源供给能力等的影响就不明显。

---

　　[1]　中华人民共和国外交部政策研究司编：《中国外交 2005》，世界知识出版社 2005 年版，第 364 页。

　　[2]　《〈央视论坛〉：赵燕在美国被打是典型的暴行》，http://news.sina.com.cn/w/2004 - 07 - 28/10223221016s.shtml，2016 年 3 月 26 日。

"科学、准确评估政府绩效，必须获取充足、准确、有用的政府管理绩效的有关信息。然而，受多种因素的影响，政府绩效的相关信息往往很难获得，或者是很难准确地获得。这就从客观上大大增加了政府绩效评估的难度。"① 对于领事保护而言，更是如此。领事保护的很多指标，一则很难量化，二则有些具体数据也是很难收集和获取的。因此，这里只能结合案例来采取一种定性评估方式。对于危机（应急）管理工作评估，并非一定都得采取定量评估的方法，如美国偏向于定量评估，日本则偏向于定性评估。②我国学者在这方面的研究也分为两类，有的采取定量评估方法，如谭小群、陈国华对政府跨区域应急管理能力的评估；③ 有的采取定性评估方法，如滕五晓基于案例分析的应急管理能力评估。④ 因此，对于不同的问题，应该具体分析和分别对待。

"一种制度即使在理论上很完善，甚至很完美，但如果缺少自我实现的能力，或者说在实践中做不到，它就是制度乌托邦，就不具备现实性。"⑤ 领事保护是一项实践性很强的工作，是一个动态过程，而生命周期理论则为我们提供一种动态分析的视角。所以，要探讨现实运作中的领事保护可持续发展能力，一个恰当的视角就是可以借助危机生命周期理论以及具体个案来进行探讨。

生命周期理论来源于生物学，后来则被广泛应用于社会科学领域。生命周期理论和方法，主要就是利用有机体生命周期的思想，将研究对象从酝酿到消亡看作是一个完整的生命过程，并根据不同的价值形态表现等将这一过程分成几个阶段，在不同的阶段根据对象的特

---

① 叶常林主编：《电子政务》，中国科学技术大学出版社2010年版，第230页。

② 滕五晓：《应急管理能力评估——基于案例分析的研究》，社会科学文献出版社2014年版，第11页。

③ 谭小群、陈国华：《政府跨区域突发事件应急管理能力评估研究》，《灾害学》2010年第4期，第133—138页。

④ 滕五晓：《应急管理能力评估——基于案例分析的研究》，社会科学文献出版社2014年版。

⑤ 辛鸣：《制度评价的标准选择及其哲学分析》，《中国人民大学学报》2005年第5期，第99页。

点，采取针对性的"管理方式和应对措施"，[①] 从而实现整体价值的最优化。因此，生命周期理论与方法本身就带有促进可持续发展的目的。这一理论与其他学科的融合，也是为了实现整体价值的最优化。如日本学者斋藤优所构建的技术生命周期理论，也是从谋取最大收益的角度来对产品的生命周期进行探讨和分析。[②]

对于领事风险和威胁这一海外公共危机，也是"不能与危机管理理论相脱节"的。[③] 对于公共危机，"它都遵循一个孕育、发生、发展和消亡的过程"，因此，学术界通常称之为"危机生命周期。"[④]

对于危机生命周期究竟可以划分为几个阶段，目前，学术界对此有着一定的分歧和争议。概括起来，主要有以下四种观点：

其一，危机生命周期三阶段论。威廉·哈顿（William Haddon）提出了危机生命周期的三阶段模型，[⑤] 即危机前、危机中和危机后。

其二，危机生命周期四阶段论。史蒂文·芬克（Steven Fink）提出了危机生命周期的四阶段模型，[⑥] 即危机潜伏期、危机突发期、危机蔓延期与危机痊愈期四个阶段。[⑦] 罗伯特·希斯（Robert Heath）则提出了危机生命周期的4R模型，即危机缩减、预备、反应和恢复四个阶段。[⑧]美国联邦紧急事务管理局（FEMA）将危机管理生命周期分

---

① 朱晓峰：《生命周期方法论》，《科学学研究》2004年第6期，第567页。

② 杜奇华、陈萌：《国际技术贸易》，清华大学出版社2012年版，第50页。

③ 肖群鹰、朱正威：《公共危机管理与社会风险评价》，社会科学文献出版社2013年版，第64页。

④ 卓立筑：《危机管理新形势下公共危机预防与处理对策》，中共中央党校出版社2013年版，第163页。

⑤ Haddon Jr, William, "A logical framework for categorizing highway safety phenomena and activity", Journal of Trauma and Acute Care Surgery, Vol. 12, Number3, 1972, pp. 193 – 207.

⑥ Steven Fink, Crisis Management: Planning for the Invisible, American Management Association, 1986, p. 15.

⑦ 李靖：《我国政府突发性自然灾害危机管理对策研究》，硕士学位论文，西南交通大学，2010年，第10页。

⑧ ［美］罗伯特·希斯：《危机管理》，王成等译，中信出版社2001年版，第31—33页。

为四个阶段,即减缓、预防、反应和恢复。① 《中华人民共和国突发事件应对法》也将危机的应对周期分为四个阶段,② 即预防准备、监测预警、应急处置与救援及事后恢复与重建。③

其三,危机生命周期五阶段论。米特罗夫(Mitroff)提出了危机生命周期的五阶段模型,即预备、识别、损害控制、恢复与学习五个阶段。西蒙·布斯(Simon A. Booth)也是持危机生命周期五阶段论,即危机的酝酿、爆发、扩散、应对与处理结果及后遗症期五个阶段。④

其四,危机生命周期六阶段论。奥古斯汀(Augustine)提出了危机生命周期的六阶段模型,即危机避免、准备、确认、控制、解决和获利六个阶段。⑤

结合危机生命周期来看,不论采取何种划分方式,不同的发展阶段都要求根据各自的特点采取不同的管理和应对措施,从而将常态管理与非常态管理融合起来,由此构成一个全面而系统的危机管理运作流程。

评估,是用一定的方法与技术对效果好坏(及其过程)的一种考量和判断,它被广泛应用于社会生活的各个领域。政府绩效评估,是对政府向公众提供公共服务和公共产品的过程及其效果进行考量和判断,是评判政府治理水平、运作效率以及回应和满足公众需求的重要依据。⑥ 公共危机管理既是危机管理的组成领域,也是政府公共职能和公共管理的组成部分,⑦ 是以政府为主体的公共组织,对影响广泛

---

① 姜安鹏、沙勇忠主编:《应急管理实务:理念与策略指导》,兰州大学出版社2010年版,第29页。

② 《中华人民共和国突发事件应对法》,第十届全国人民代表大会常务委员会第二十九次会议2007年8月30日通过,自2007年11月1日起施行。

③ 孙杰:《我国自然灾害应对的政府绩效评估研究》,硕士学位论文,浙江大学,2011年,第26页。

④ 张小明主编:《公共部门危机管理》,中国人民大学出版社2006年版,第83页。

⑤ 滕五晓:《应急管理能力评估——基于案例分析的研究》,社会科学文献出版社2014年版,第6页。

⑥ 胡税根等:《公共危机管理通论》,浙江大学出版社2009年版,第251页。

⑦ 孙梅著:《危机管理突发公共卫生事件应急处置问题与策略》,复旦大学出版社2013年版,第22页。

的突发事件和危机情境等，进行预防预警、应急处置、恢复重建以及总结反思等一系列的管理活动。

"虽然公共管理与一般管理不同，它强调管理的责任和价值，但从本质上讲，公共管理视野下的危机管理研究，仍没有脱离技术和策略的研究路径。"[1] 借助于危机生命周期视角来探讨领事危机管理，实际上也是侧重于危机管理周期和流程中的技术与策略。

对领事保护的评估，既要结合政府绩效评估的一般性标准（或者说价值取向），又要结合领事保护和公共危机管理的特点来进行，从而将领事危机管理评估中的技术策略与价值取向融合起来。因此，这里将基于危机生命周期视角，构建领事保护能力的评估指标体系，结合 2011 年利比亚撤侨这一具体案例，针对领事危机生命周期的不同环节，通过纵横的比较与分析来定性评估其合理性与合法性，从而构建领事保护可持续发展的路径。

二 基于危机生命周期的领事保护能力评估指标体系

结合西方危机管理理论的发展史看，刚开始，"危机被认为是不可避免的力量——就像神的意旨一样，没有任何办法预防和控制。当危机发生时，专家们只能发表一些无关痛痒的建议，直到危机过去"。[2] 然而，这种被动应对的危机管理方式日益暴露出其弊端和危害，因此，其研究重点逐步由原来的"重视危机现场应急处置"[3]发展为"危机的全生命周期管理"，尤其是重视危机前的预警、预控研究。[4] 随着危机管理理论的进一步发展，不论是侧重于应对还是侧重于预防，都是从静态的、单一的角度进行分析，因此，在已有研究的

① 杨秋菊主编：《行政管理情景模拟教程》，北京交通大学出版社 2014 年版，第 203 页。

② 埃里·阿夫拉汉姆、伊兰·科特：《地区危机传播：实用媒介策略》，葛岩等译，上海交通大学出版社 2013 年版，第 84 页。

③ 上海市哲学社会科学规划办公室、上海社会科学院信息研究所编：《国外社会科学前沿》第 13 辑，上海人民出版社 2010 年版，第 447 页。

④ 杨渝南：《我国危机管理多元主体的整合研究》，硕士学位论文，电子科技大学，2006 年，第 3 页。

基础上，研究者开始转向从一种综合性、动态性的视角来进行探讨。危机管理的主要目标就是如何以最小的成本和投入获取最大的成效，其特点就是，通过制度的作用、组织的整合、资源的调配以及社会的协作，"通过全程的危机管理，提升危机管理的能力，以有效地预防、应对、化解和消弭各种危机"。[①] 其中，危机反思和学习理论也日益受到关注。

（一）领事危机管理生命周期的四个阶段

如果简单地从危机的发生过程，即事前、事中和事后这三个阶段看，危机的管理过程通常包括预警、应急和善后这样三个环节和流程。

卢文刚在 PPRR 模型（预防 Prevention，准备 Preparation，应对处置 Response，结束恢复 Recovery）的基础上，从宏观层面将领事危机管理分为预防期、准备期、应对处置期和善后恢复期四个阶段。[②] 这一划分将危机前的致灾因子判断作为预防期，将制定应急预案作为准备期，不仅忽略了危机前的检测预警阶段，而且对危机前的很多内容如海外安全宣传教育和危机演练等都未纳入。为了能更为有效地进行领事危机管理具体事件与案例的分析，笔者在综合上述理论的基础上，将领事危机管理生命周期分为四个阶段：基础预防（无征兆——危机前）、监测预警（有征兆——危机前）、应急处置（危机中）、善后学习（危机后）。这四个阶段的关系如图1。

具体而言，领事危机管理生命周期各阶段的管理与应对措施如下：

基础预防：在公民出国前就要进行相关的领事宣传、教育和培训，做好长期性风险评估和预测。对风险的预测，既可以是短期的，

---

① 高恩新、余朝阳：《试论危机管理的常态化趋势》，《云南行政学院学报》2008年第1期，第116页。

② 卢文刚、黎舒菡：《中美海外公民领事保护比较研究——基于应急管理生命周期理论的视角》，《社会主义研究》2015年第2期。

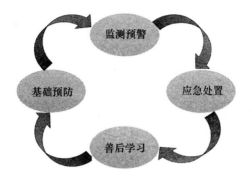

图1　领事危机管理生命周期

也可以是长期的，而对风险的预警一般都是短期的。[①] 因此，它与预警是有着一定差别的。

监测预警："预警"一词源于军事领域，如空袭警报等，是指通过预警飞机、雷达和卫星等工具来监测、发现和分析敌人的信号，并将这种信号的威胁程度上报给指挥部门，以便提前采取措施应对。[②] 现代意义上的预警已引申扩展到政治、经济和社会等领域。预警是指对即将发生的突发事件和危机进行监测评估与紧急指示。[③] 这一阶段，危机还没有爆发，但是危机的征兆有所显现。对可能引发危机的因子和征兆要进行严密的监测和评估，辨识危机是否将要发生，并在必要时发出预警。

应急处置：危机管理重在预防，然而对未能先期预控其事态发展的危机事件，必须采取应急行动，要立即诊断其成因，评估其危害，果断采取措施进行应急处置，尽可能地迅速控制危机。应急处置是危机管理的核心环节，也是危机管理环节中最为复杂和困难的阶段。[④]

善后学习：危机的结束并不意味着领事保护工作的终结。领事危

① 李福胜：《国家风险：分析·评估·监控》，社会科学文献出版社 2006 年版，第289 页。

② 张小明主编：《公共部门危机管理》，中国人民大学出版社 2006 年版，第 337 页。

③ 郝永梅等编著：《公共安全应急管理指南》，气象出版社 2010 年版，第 156 页。

④ 张成福、唐钧：《政府危机管理能力评估——知识框架与指标体系研究》，中国人民大学出版社 2009 年版，第 120 页。

机所造成的损失与影响并不会随着应急过程的结束而立即得以彻底消除。因此，必须建立领事危机善后处理系统，开展相应的处理工作。此外，还要对善后之前的领事危机周期与管理工作进行分析和评估，总结经验与教训，以便更为长远地预防领事危机，或指导未来的应对。这一阶段的重要性是不可忽视的。如果能认真反思和总结危机与突发事件中的经验教训，并形成一定的制度性安排的话，就可以"减少了同类突发事件的产生，对难以避免发生的突发事件做到减少损失的作用"，① 但是，如果忽视这一环节的重要性或者处理不当的话，就有"可能成为新危机的发展期。"②

需要补充说明的是，并不是所有的领事危机事件都一定会经历这样一个发展周期。有些领事事件只是经历其中的部分阶段。如有的领事事件可能缺乏基础预防，有的可能缺乏监测预警，有的可能两者都缺乏。

（二）基于危机生命周期的领事保护能力评估指标体系

2007 年颁布实施的《中华人民共和国突发事件应对法》也将危机管理过程分为预防与应急准备、监测与预警、应急处置与救援及事后恢复与重建这样四个阶段。③ 依照这一基本法律依据，结合领事危机管理的特点，将基于危机生命周期的领事保护能力评估的一级指标确定为：基础预防、监测预警、应急处置和善后学习。以此为基础，再来确定其二级指标。

1. 基础预防下设二级指标

从公共危机管理本身及其理论发展而言，预防越来越体现出其重要的作用。公共危机管理主要原则和目的是要尽量使用少量的资金来

---

① 李明：《突发事件与制度变迁、技术进步关系研究》，《北京航空航天大学学报》2013 年第 1 期，第 22 页。

② 张岩松、许峰主编：《企业危机管理案例教程》，清华大学出版社、北京交通大学出版社 2012 年版，第 63 页。

③ 孙杰：《我国自然灾害应对的政府绩效评估研究》，硕士学位论文，浙江大学，2011 年，第 26 页。

进行前期预防，而不是花费大量的资金去应急治疗。① 因此，预防成为了"最好的管理"。对领事保护也是如此，"预防是最好的保护，是扭转领事保护被动应对局面的有效手段"。② 公共危机的预防管理，既具有人权保障价值，又具有效率价值。③ 然而，在社会实践中，由于干部考核激励制度和政绩观等的影响，实际管理中常常出现"默默无闻避免危机得不到奖励，轰轰烈烈解决危机成为英雄"的现象。④ 基础预防与征兆性、针对性和及时性的预警不同，它更为注重长远的、基础的和一般性的宣传、教育和预防。

在领事保护上，美国、日本和新加坡等国都非常重视海外安全宣传教育。进行海外安全宣传教育是推进基础预防机制建设的关键。新加坡政府对公民危机和安全意识的培育一向坚持宁滥毋缺的原则，把安全宣传和教育纳入国民教育范畴，注重时刻提高公民的危机意识。甚至可以说，新加坡的许多危机在一定程度上都是政府有意渲染或制造出来的，其主要目的就是要公民始终绷紧忧患和预防这根弦。⑤

海外安全风险评估有助于认清走出去所面临的安全环境及其安全状况，有助于进行风险管理。"社会公众在获知公共危机评估的相关信息之后，能够合理地指导自己的行为，采取有效的、相应的应对措施，避免自己受到公共危机事件的不良影响，因此，也能够从中获得更大的安全感和幸福感。"⑥ 因此，应将海外安全风险评估贯穿于平

---

① ［美］戴维·奥斯本、特德·盖布勒：《改革政府——企业精神如何改革着公营部门》，上海译文出版社1996年版，第205页。

② 《中国领事工作》编写组：《中国领事工作》上册，世界知识出版社2014年版，第337页。

③ 李燕凌、贺林波著：《公共服务视野下的公共危机法治》，人民出版社2013年版，第140—142页。

④ 储志峰：《论转型期我国政府危机管理》，硕士学位论文，华中师范大学，2006年，第28页；薛澜等：《危机管理：转型期中国面临的挑战》，清华大学出版社2003年版，第60页。

⑤ 郑德涛、林应琥主编：《公共服务的理论与实践》，中山大学出版社2014年版，第190页。

⑥ 李燕凌、贺林波：《公共服务视野下的公共危机法治》，人民出版社2013年版，第157页。

时工作和风险管理之中，并将其制度化。

海外公民（侨民）信息登记是领事保护基础预防机制的重要组成部分。充分而详细的海外公民信息登记，可以为领事危机事件尤其是大规模撤侨奠定重要基础。

应急预案，是事前经过论证制定的对付危机的处理方案。它可以规范危机管理主体的行为，缩短危机反应时间，促使危机管理活动成为有次序的管理过程。[①] 应急预案虽然是在基础预防阶段制定的，但是它本身无法起到避免危机的作用，只有在危机发生启动应急的状态下才能发挥作用。

公共危机管理离不开人力、物力、财力和技术等的保障。危机管理虽然在基础预防、监测预警以及善后学习等阶段都需要一定的人力、物力、财力以及技术等的保障，但是这种保障资源在应急处置中尤为重要和关键，往往也是在应急处置中对保障资源的消耗最大。由于危机事件在时空上的不确定性，应急保障要具有较强的紧迫性和协同性，要求指挥统一、运转协调、快速到位和高效利用。

应急演习和训练，是危机管理的重要组成部分，是指各级政府部门、企事业单位、社会组织以及公民个人等，针对某种突发事件假想情景，按照应急预案和计划所规定的职责和程序执行应急响应和处置的模拟训练活动。2009 年，国务院应急办研究制定了《突发事件应急演练指南》，将应急演练的目的概括为五个方面：检验应急预案；完善应急准备；锻炼应急队伍；磨合完善应急机制；应急科普宣教。[②] 通过应急演练，可以检验和提升应急组织与人员的决策指挥、协调合作以及应急处置的能力和水平，普及危机管理知识，培养危机管理意识。"在灾难发生时，如果使用没有经过应急演练检验的应急预案，

---

① 龙小农：《跨国危机管理：理论、方法及案例分析》，中国传媒大学出版社 2005 年版，第 165 页。

② 李雪峰、王彩平、李宇编著：《应急管理演练式培训》，国家行政学院出版社 2013 年版，第 261 页。

将很可能导致另一场灾难。"①美国、英国、德国、日本、韩国和澳大利亚等国，组织和开展各种应急演练已成为政府工作的重要内容。由于危机的发生带有较大的偶然性和突发性，而社会公众大部分时间都生活在正常状态之下，因此，在面临危机预警的情况下，人们常常抱有大意或侥幸的心理来对待危机预警，从而导致预警失灵，耽误了预防危机的最佳时机，②造成一定的危害。因此，加强应急演习和训练对人们加强危机防范意识、培养迅速应对能力具有重要的意义。

因此，基础预防一级指标下设这样 6 个二级指标：海外安全宣传教育、海外安全风险评估、海外公民信息登记、海外安全演习训练、领事保护应急预案和领事保护资源保障。

2. 监测预警下设二级指标

监测预警是公共危机管理过程中的前期基础与重要环节，对于保障引导社会公众、减轻危机损害以及节约处置成本等都具有较为重要的意义。③ 在公共危机爆发之前，一般都会有一些征兆信息出现，只不过有的征兆信息比较明显，有的征兆信息并不明显。因此，如果能够通过一定的指标体系和工具手段等，监测、收集、分析和评估相关信息，然后将评估结果与预先设定的阈值进行比较，以此决定是否发出警报或发出何种警报，④ 从而使社会公众更为理性地选择自己的行为，避免和控制公共危机的发生发展。具体流程见图 2。

①　施建忠：《应急演练 让灾备不再"纸上谈兵"》，《中国保险报》2009 年 5 月 13 日，第 7 版。陈建宏、杨立兵主编：《现代应急管理理论与技术》，中南大学出版社 2013 年版，第 133 页。

②　蔺雪春：《公共危机管理：简明原理与实务》，西南交通大学出版社 2013 年版，第 105 页。

③　张永理、李程伟主编：《公共危机管理》，武汉大学出版社 2010 年版，第 113 页。

④　常永华：《公共危机管理与西部地方政府执政能力问题研究》，中国社会科学出版社 2013 年版，第 125 页。

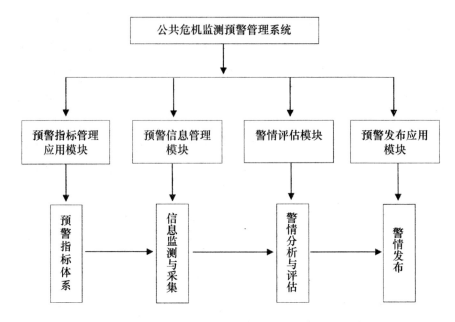

图 2　公共危机监测预警管理系统

　　当然，并不是所有的预警都是准确的，也不是所有的预警都是可以预控的。因此，实时监测，及时发现危机征兆并预警，对危机预控非常关键。此外，警情发布一定要明确，要让社会公众能够明确不同级别的警情所代表的明确含义，这样才能恰当地引导社会公众避免和控制危机。因此，监测预警一级指标下设两个二级指标：实时监测和预警引导。

　　3. 应急处置下设二级指标

　　危机的应急处置是一项复杂的系统工程，其基本流程包括：根据《中华人民共和国突发事件应对法》等的规定，各级政府和部门在危机前的基础预防阶段，应制定突发事件的总体应急预案和专项预案；一旦预控失败或危机突然爆发，常设的危机管理机构要迅速启动应急预案中的应急响应程序，成立应急指挥协调中心，各有关部门要根据相关规定承担起应急处置职责；应急方案制定者必须在非常紧迫的时间压力和事态发展尚不明确的情况下，制定恰当而科学的处置措施和应急方案；应急处置方案制定出来之后，相关部门及人员就必须通过人员配置、物资配置和协调沟通等来迅速执行应急处置方案。① 基于以上流程，应急处置一级指标下设两个二级指标：指挥（决策）协调和执行处置。

4. 善后学习下设二级指标

危机的应急处置使得事态发展得到控制，危机得以结束，但这并不意味着危机管理过程和周期的终结，只是危机管理进入到了最后阶段，即善后学习阶段。这一阶段既要做好物质层面的恢复、赔偿和重建工作，又要做好精神层面的安抚、总结和学习工作，主要涉及人的恢复、物的恢复、秩序的恢复以及能力的发展等。结合领事危机看，其善后也就是恢复重建的内容与国内其他危机相比，要少一些，主要涉及伤亡人员的善后处置，个人的安置援助以及企业的支持援助（经济上的补偿赔偿等）等。学习则是指危机应急处置结束之后的总结与改进。危机管理的学习在整个危及生命周期中是非常重要的一个部分，然而在现实实践中却常常为人们所忽视，或者得不到应有的重视。美国对危机管理的总结学习非常重视，如 2005 年卡特里娜飓风危机的恢复重建过程中，小布什总统不仅命令"国土安全部立即评估美国主要城市的紧急应对计划"，而且还下令"所有内阁高官都参与全面评估联邦政府此次对飓风灾难的反应"。② 公共危机管理的总结学习就是要对危机发生的原因，危机管理的生命周期以及危机管理的成效进行全面而系统的调查、评估和反思，然后根据总结出来的经验教训对危机管理进行改进。一方面，要从危机管理生命周期的角度对其基础预防、监测预警、应急处置和善后学习等环节和流程上进行管理技巧和经验上的总结；另一方面，也要从危机管理案例的特殊性上提炼和概括其一般性原理，以避免同类危机事件的再次发生以及如何应对。

总结学习阶段应该有明确的建设任务，如建立案例库、大事纪

---

① 张永理主编：《公共危机管理》，武汉大学出版社 2015 年版，第 159 页。

② 《美公布飓风灾区重建六大措施 联邦政府将埋单》，http://news.xinhuanet.com/world/2005－09/16/content_3498537.htm，2016 年 3 月 16 日。

实、正能量系统和纪念馆等。①

因此,这里将善后学习一级指标下设两个二级指标:救济补偿和总结学习。

综合上述,基于危机生命周期的领事保护能力评估指标体系就包括 4 个一级指标和 12 个二级指标,由这一指标体系也可反映出基础预防在其中占有非常重要的地位。具体见图 3。

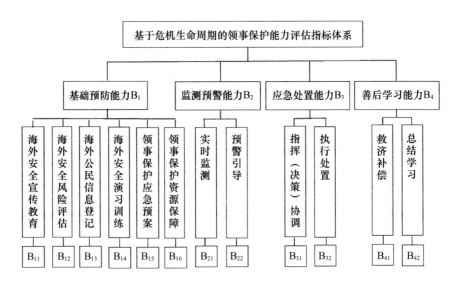

图 3　基于危机生命周期的领事保护能力评估指标体系

三　基于领事危机管理节点模型的总体评估路径

在危机生命周期理论的基础上,朱瑞博构建了危机生命周期和管理节点模型。② 具体见图 4。

结合领事保护的特点以及危机生命周期与管理节点模型,可以构建一个领事危机生命周期管理节点模型。具体见图 5。

---

① 李志祥、刘铁忠、陈研等编著:《危机管理专题研究》,国防工业出版社 2014 年版,第 8 页。

② 朱瑞博:《突发事件处置与危机领导力提升研究》,中国法制出版社 2013 年版,第 53—54 页。

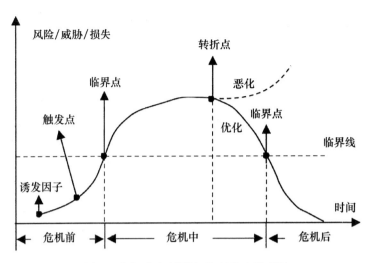

图 4　危机生命周期与管理节点模型①

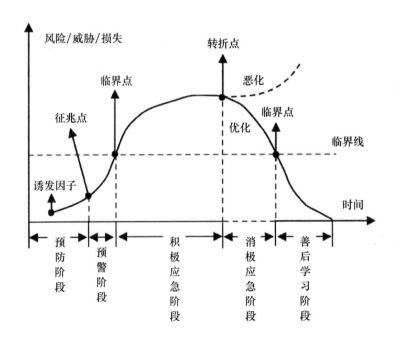

图 5　领事危机生命周期管理节点模型

① 本图在朱瑞博图形的基础上略有修改。参见朱瑞博《突发事件处置与危机领导力提升研究》，中国法制出版社 2013 年版，第 54 页。

基于这一模型，从可持续发展（合理性与合法性，主要是合理性）的角度来考量：

其一，领事危机管理周期中的预防预警比应急处置无疑更具合理性和合法性（由于在基础预防和监测预警阶段，基本不涉及对他国主权的侵犯与干涉问题，所以这里的合理性与合法性是一致的）。危机发生前的关键就是基础预防和监测预警。基础预防做得好，可以避免涉入危机。预控则是在涉入危机而危机尚未发生的情况之下，通过实时监测，及时发现征兆，于是通过预警引导和预控措施尽量用较小的代价来迅速化解危机，或者避免危机的扩大和升级。"能否在危机前及时、准确地识别、判断出公共危机的诱发因子、触发点和临界点，是政府和领导者能否在危机的'黄金治理期'采取相应举措，化解危机于无形的关键，这是成本最低的危机管理方式，也是危机管理的最高境界。"① 如果基础预防和监测预警处理较好的话，就有可能避免危机的涉入、爆发和应急处置的发生。应急预案虽然无法避免危机的涉入和发生，但是在危机发生后的应对处置中可以发挥较为重要的作用。

其二，领事危机管理周期中的积极应急比消极应急更具合理性（领事危机应由于涉及国际"协调"，合法性难以统一确定，需要结合具体事件来判断，有的领事危机可能应急处置很有效果，获得国内公民的较大认可，但是侵犯他国主权，所以这里合理性与合法性并不一致）。由于危机的发展变化具有突发性、危害性、迅速性、扩散性和不确定性等特点，所以危机一旦发生，关键就是应急和控制。应急处置的时间因素非常关键。国内外危机管理的实践表明："反应时间的长短在很大程度上直接决定了危机管理的成效。"② 如果决策者能够在危机应急的黄金时间段内做出快速科学的决策，将为危机的顺利解决奠定重要基础，从而使公众心理得到一定的安抚，社会秩序也可

① 朱瑞博：《危机成因三要素与危机预警识别力提升》，《领导科学》2009年第29期，第17页；朱瑞博：《突发事件处置与危机领导力提升研究》，中国法制出版社2013年版，第71页。

② 新玉言编著：《公共危机管控力》，国家行政学院出版社2013年版，第96页。

得到初步的维持，这就为整个的危机应急处置赢得了主动权。反之，就可能导致危机进一步蔓延扩散。有学者认为，国外有"危机管理的黄金时间段是危机发生后的 3 个至 6 个小时"。① 当然，这也不是绝对的。如果能够在应急的黄金时间段内做出有效的决策，就是一种积极性应急。反之，则是一种消极性应急。在危机爆发前能制订相应预案和计划，对于缩短危机应对时间以及减轻危机影响也是有着重要影响的。据有关研究显示，是否有应变预案和计划准备，对于公共危机管理的成效影响重大。从危机延续时长看，危机一般都要经历大约 8 周半的时间。而没有应变预案和计划的危机，其延续的时长为有应变预案和计划的 2.5 倍；从后遗症的波及时间看，一般的危机平均时长为 8 周，而没有应变预案和计划的危机，其后遗症波及的时长为有应变预案和计划的 2.5 倍。②

其三，领事危机管理周期中的善后学习实际上可以转化为一种更为科学和长远的预防或指导，具有一定的合理性（领事危机管理善后由于涉及国际协调，合法性难以统一确定，需要结合具体事件来判断；领事危机管理总结学习基本不涉及对他国主权的侵犯与干涉问题，所以这里的合理性与合法性是一致的）。危机后管理的一个关键就是善后和学习，这同样也是一个不可忽视的重要阶段和环节。危机管理中虎头蛇尾是不可取的，无论是政府、企业还是个人，我们要善于在危机管理过程中总结反思和学习提高。政府和有关组织可以从危机意识的教育、危机后的应急预案完善、危机后的组织变革以及政策的改进等方面改善公共危机管理。③

其四，领事危机管理主体的多元化无疑比单一化更具有合理性（在基础预防、监测预警阶段，合理性与合法性是一致的。在应急处置和善后学习阶段，合法性难以明确和统一，需要结合具体案例来判

---

① 龙小农：《跨国危机管理：理论、方法及案例分析》，中国传媒大学出版社 2005 年版，第 25 页。

② 郭济主编：《中央和大城市政府应急机制建设》，中国人民大学出版社 2005 年版，第 71 页。

③ 张永理主编：《公共危机管理》，武汉大学出版社 2015 年版，第 215 页。

断）。结合国外危机管理的发展历程看，危机管理逐渐实现了"从政府管理到政府与社会共同管理、从民族国家管理到国际合作管理的范式转换"。① 多元主体在危机管理中的优势主要体现于："其公益性和自愿性更加贴近民众，有着良好的、广泛的公众关系，能提供政府无法顾及的公共服务，降低服务的成本和提高服务的质量。"②

因此，从领事保护的可持续发展构建而言，首先，领事危机管理应从侧重事中应急转向危机的生命周期全流程管理，从更为长远和基础的层面来加强领事危机管理体系建设，突出预防和预警，做好宣传教育和风险评估；其次，应急中的领事危机管理应尽量推动关口前移，把握主动，避免危机恶化；再次，领事危机管理应注重事后的恢复学习；最后，领事危机管理应从政府单一管理转向多元参与，积极动员和整合国内和国际资源，形成完善的应急管理体制与网络。

第二节 案例分析:2011 年利比亚撤侨与中国海外撤侨能力

2011 年利比亚撤侨行动是新中国成立以来最大规模的一次有组织的海外中国公民撤离行动,③ 也在世界撤侨或领事保护史中占有重要地位,④ 非常具有典型性。

一 2011 年利比亚撤侨：案例概况

利比亚是位于非洲北部的一个面积较大的国家，石油和天然气资源较为丰富。1978 年 8 月 9 日，利比亚与中国正式建立外交关系。两

---

① 张永理、李程伟：《公共危机管理》，武汉大学出版社 2010 年版，第 293 页。

② 杨渝南：《我国危机管理多元主体的整合研究》，硕士学位论文，电子科技大学，2006 年，第 28 页。

③ 《中国撤离在利比亚人员行动专题吹风会在外交部举行》，http://cs.mfa.gov.cn/gyls/lsgz/ztzl/lbdxal/cllbyzt_ 645685/t804199.shtml.2016 年 2 月 5 日。

④ 《中国政府最大规模撤离海外公民行动赢得世界赞誉》，http://www.gov.cn/jrzg/2011 - 03/07/content_ 1818234.htm.2016 年 2 月 5 日。

国经贸关系随之不断发展。中国在利比亚企业主要集中基础设施、石油和通信等方面。截至 2010 年，中国已成为利比亚第二大进口来源国和第三大出口市场。中国在利比亚的侨民数量已达到 3.5 万人，其中大多数为合同制侨民，也有部分"留学生以及投资性和生意性侨民"。①

自 2011 年 2 月以来，利比亚局势持续动荡并日益恶化，政治骚乱升级为武装冲突和内战，这就致使在利比亚的"3 万多名中国公民的生命财产安全受到严重威胁"。②胡锦涛总书记和温家宝总理针对利比亚局势和中国公民情况作出重要指示，要求有关方面采取应急措施，全力保障在利比亚中国公民的生命财产安全。在此情况下，国务院迅速成立应急指挥部，由张德江副总理担任总指挥，③负责组织协调利比亚中国公民的撤离以及安全保障工作。

外交部、商务部和民航局等中央部门会同驻外使领馆、地方政府以及有关企业组成应急网络平台，中国政府一共"调派 182 架次中国民航包机、24 架次军机、5 艘货轮、1 艘护卫舰"，此外还"租用 70 架次外航包机、22 艘次外籍邮轮、1000 班次客车"（也有人统计为：应急指挥部前后协调派出 91 架次民航包机、12 架次军机，5 艘货轮、1 艘护卫舰，租用 35 架次外国包机、11 艘次外籍邮轮和 100 余班次客车赶赴利比亚），④从海陆空三路实施全方位、多层面、大规模的撤离行动，在短短的 12 天之内就从利比亚安全撤回 35860 名中国公

①　张历历：《中国全力从利比亚大撤侨分析》，《当代世界》2011 年第 4 期，第 21 页。

②　《中国领事工作》编写组：《中国领事工作》上册，世界知识出版社 2014 年版，第 343 页。

③　杨娇、吴杰、刘青山：《国家行动 央企风范 利比亚中国公民大撤离追记》，《国企》2011 年第 4 期，第 86 页；本书编委会主编：《国家行动——利比亚大撤离》，人民日报出版社 2011 年版，第 4 页。

④　杨娇、吴杰、刘青山：《国家行动 央企风范 利比亚中国公民大撤离追记》，《国企》2011 年第 4 期，第 86 页。笔者认为这一统计数据并不准确，应以《中国领事工作》统计数据为准。

民。① 此外，在这次撤侨中，中国政府还积极履行国际人道主义义务，力所能及地协助撤出在利比亚的他国公民约 2100 名，这些外国公民分别来自孟加拉国、希腊、意大利、越南、菲律宾和尼泊尔等 12 个国家。

二 2011 年利比亚撤侨：基于领事危机生命周期的分阶段评估

（一）基础预防

基础预防一级指标下包括六个二级指标，分别是：海外安全宣传教育、海外安全风险评估、海外公民信息登记、海外安全演习训练、领事保护应急预案和领事保护资源保障。下面将结合这六个二级指标来对 2011 年利比亚撤侨进行评估。

1. 海外安全宣传教育

在海外安全宣传教育上，利比亚撤侨事件并无具体或特殊的体现，主要是融入中国总体的海外安全宣传教育之中，如《中国领事保护和协助指南》《中国企业海外政治风险防范指南》和《海外中国公民文明指南》等的发布以及相应的领事保护宣讲和教育等。

2. 海外安全风险评估

2005 年，我国唯一承办政策性出口信用保险业务的国有独资保险公司——中国出口信用保险公司开始推出《国家风险分析报告》，② 对投资国家的政治、经济和社会风险等作出整体评价和等级评定。2006 年，外交部会同有关部门共同起草了第一部《海外安全状况分级评估报告》。③ 2008 年我国正式实施海外安全风险评估制度，对世界各个国家和地区的安全形势进行评估和预判。④ 2009 年，商务部首次发布

① 《中国领事工作》编写组：《中国领事工作》上册，世界知识出版社 2014 年版，第 344 页。

② 《中国出口信保公司宣布首份〈风险报告〉出炉》，http://news. xinhuanet. com/fortune/2005 - 10/15/content_ 3618459. htm. 2016 年 2 月 5 日。

③ 李志永：《"走出去"与中国海外利益保护机制研究》，世界知识出版社 2015 年版，第 98 页。

④ 《中国领事工作》编写组：《中国领事工作》上册，世界知识出版社 2014 年版，第 337 页。

《对外投资合作国别（地区）指南》，以后每年发布一次。该指南覆盖了全球一百六十多个国家与地区，既介绍所在国和地区投资和经贸合作有关的基本信息，又指出我国企业在所在国家和地区开展经贸业务可能遇到的问题，并提供必要的提示和建议等。① 此外，部分研究机构和企业等也进行了一些相关风险的评估与预判。

不过，对外交部以及驻外使领馆等提供的评估信息，有些企业和个人并不认可。他们认为，"依赖使馆保护的可能性很小，因为通过外交渠道获得当地时局信息并不比企业快，有时甚至与当地实际情况不符。"② 这可能与政府部门的风险评估侧重于对走出去国家和地区的宏观局势的评估有关，因此对具体企业的针对性和时效性等显得不足。

在关于利比亚的风险评估中，只有中国出口信用保险公司推出的《国家风险分析报告》将利比亚列为风险较高的国家。利比亚的风险级别被评定为 9 级中的第 7 级。③ 而外交部内部的《海外安全风险评估报告》（2010 年版）中，并未将利比亚列为高风险国家。有的报告甚至指出，未来几年，利比亚作为北非的一个政治稳定和资源丰富的国家，将有利于投资。④ 2010 年 2 月，我国驻利比亚大使馆经济商务参赞刘丽娟参加了商务部举办的"参赞访谈"活动，当时有网友提问"利比亚存在哪些投资风险，如何进行规避？"针对这一问题，刘参赞总结了一些投资利比亚的障碍和风险："政府和企业信用度差；工作效率低，程序复杂；政策透明性差；用工自由度低；金融自由度低；

① 《商务部发布〈对外投资合作国别（地区）指南〉》，http：//politics. people. com. cn/GB/1027/9112174. html. 2016 年 2 月 5 日。

② 凤凰周刊编：《中国利益：中国与利益相关国家的风云故事》，中国发展出版社 2013 年版，第 411 页。

③ 夏莉萍：《从利比亚事件透析中国领事保护机制建设》，《西亚非洲》2011 年第 9 期，第 110 页。

④ 凤凰周刊编：《中国利益：中国与利益相关国家的风云故事》，中国发展出版社 2013 年版，第 412 页。

商业自由度低;商业活动受政治等因素影响大"等。① 由此可以看出,这里主要集中列举利比亚的经济风险和政策风险,虽然也有提及利比亚的商业活动容易受到政治因素的影响,但它在所列的风险中显然处于较为次要的地位。

3. 海外公民信息登记

海外公民信息登记对于实施及时有效的领事保护有着较为重要的意义。2011 年 2 月,利比亚危机发生时,中国政府和驻外使领馆对中资企业以及中国公民在利比亚的人员规模与分布情况等并不清楚。在撤侨前,只有 6000 名中国公民在外交部进行过官方登记。② 甚至在 2 月 21 日外交部制定的关于利比亚侨民的撤离预案中(上报给主管外交工作的国务委员戴秉国),对于在利中国公民究竟是两万人还是三万人都不确定。③ 这与最终撤离的 35860 名中国公民相比,仅占其总数的 16.7%。这一方面反映了海外中国公民登记率较低,这与登记的重要性宣传以及登记的便利性等都有着一定的关系;另一方面也体现出利比亚驻外使领馆在日常的领事服务与基础预防工作中是存在较大欠缺的。幸好当时在利比亚的中国公民大多数是中央企业的员工,当时中央企业下属的中方人员有将近 2.6 万人,④ 约占总数的 72.5%。在紧急情况下,国资委立即要求中央企业抓紧统计并上报人员情况,这样才获得了总体的数据。

4. 海外安全演习训练

尽管近年来由于海外安全风险的加剧与安全事件的频发,让许多境外中资企业意识到海外安全预案演练的重要性,但更多的只是停留

---

① 《与我国驻阿拉伯利比亚人民社会主义民众国大使馆经商参处刘丽娟经济商务参赞网上交流》,http://gzly. mofcom. gov. cn/website/face/www _ face _ history. jsp? desc = &p _ page = 2&sche _ no = 1539. 2016 年 2 月 5 日。

② 夏莉萍:《中国领事保护机制渐成熟》,http://news. xinhuanet. com/world/2014 - 08/ 10/c_ 126851330_ 2. htm. 2016 年 2 月 5 日。

③ 何建明:《国家——2011·中国外交史上的空前行动》,作家出版社 2012 年版,第 13 页。

④ 《国家行动:利比亚大撤离》编委会主编:《国家行动:利比亚大撤离》,人民日报出版社 2011 年版,第 195 页。

在宣传教育或形式演练层面，无法真正发挥海外安全演练在检验和修正应急预案、协调和锻炼队伍中的作用。在利比亚撤侨发生之前，政府部门、驻外使领馆和企业大都未将利比亚判作高风险国家，因此，关于在利比亚的中资企业和员工的安全预防和演练机制基本处于初步实施阶段。[①] 很多企业平时根本就没进行过海外安全方面的演练。即使到了利比亚局势动荡出现征兆之时，很多企业也只是作了一定的防范预案，在应急演练方面，直到 2 月 15 日，当班加西发生较大规模游行的示威活动后，中交集团利比亚苏卢格项目部才启动安全应急预案，"进行安全应急预案的模拟推演"。[②] 而其他企业很少进行这方面的应急演练。

除了企业方面的应急演练，外交部和驻外使领馆等也应该在平时多进行一些撤侨方面的应急演练。但这方面的演练一直都未见到相关报道，唯一见诸报道的是 2016 年 3 月 23 日中英两国在南京举行的代号为"联合撤侨 2016"的演练，这也是中英两国第一次联合撤侨室内推演。[③]

5. 领事保护应急预案

目前，国家应急预案主要包括国家总体应急预案、国家专项应急预案、国务院部门应急预案、地方应急预案和企事业单位应急预案。[④] 有学者认为，专项应急预案中，因为《国家涉外突发事件应急预案》尚未制定出来，这就使我国在处理涉外突发事件如利比亚撤侨时往往显得非常被动。[⑤] 实际上，在中国政府门户网站上列出的国家专项应

① 夏莉萍：《从利比亚事件透析中国领事保护机制建设》，《西亚非洲》2011 年第 9 期，第 110 页。

② 《中交集团利比亚苏卢格项目自保自救纪实》，http://finance.sina.com.cn/chanjing/gsnews/20110302/17509459942.shtml，2016 年 3 月 13 日。

③ 《中英两国在南京举行首次联合撤侨室内推演》，http://military.people.com.cn/n1/2016/0324/c1011-28223331.html，2016 年 3 月 25 日。

④ 钟开斌、张佳：《论应急预案的编制与管理》，《甘肃社会科学》2006 年第 3 期，第 242 页。

⑤ 裴长洪等：《中国海外投资促进体系研究》，社会科学文献出版社 2013 年版，第 418 页。

急预案共有 21 项，其中，《国家自然灾害救助应急预案》和《国家
突发公共卫生事件应急预案》等 18 项都已制定并发布，只是包括
《国家涉外突发事件应急预案》在内的三项预案标示的是"待发
布"。① 但这并不表示《国家涉外突发事件应急预案》没有制定。
2005 年 8 月 8 日，中国政府门户网站就发布了《国家涉外突发事件
应急预案》的目录。② 这一应急预案的全部内容已经制定并且已（内
部）发布到相应中央机关和地方政府部门。如《浙江省涉外突发事件
应急预案》在其编制依据中就明确指出是根据《国家涉外突发事件应
急预案》和《浙江省突发公共事件总体应急预案》等来制定这一预
案的。③ 根据《中华人民共和国突发事件应对法》，在《国家涉外突
发事件应急预案》这一专项预案之下，国务院各部门根据其指导原则
还制定了相应的部门预案，如外交部制定了《外交部突发事件应急预
案》，商务部制定了《商务部涉外突发事件府急预案》。④ 国家旅游局
和外交部于 2006 年 4 月发布了《中国公民出境旅游突发事件应急预
案》（简本）。此外，各级地方政府也根据总体要求和地方实际制定
了相应的涉外突发事件应急预案。

领事保护因其海外安全风险不同，方式也有很大差异。同样是撤
侨，也存在着原因、性质和规模等方面的差异。我国在撤侨方面已积
累了一定的经验，虽说从 2010 年就在着手建立领事保护案件应急预
案库，为不同类型领事保护案件的处理提供基本的方案准备，⑤ 但是
至今尚未见到撤侨，尤其是大规模撤侨方面的应急预案。因为没有制

① 《国家专项应急预案》，http：//www.gov.cn/yjgl/2006 - 01/11/content_ 21049. htm.
2016 年 2 月 1 日。

② 《国家涉外突发事件应急预案》，http：//www.gov.cn/yjgl/2005 - 08/08/content_
21277. htm. 2016 年 2 月 1 日。

③ 《浙江省涉外突发事件应急预案》，http：//www.zj.gov.cn/art/2006/6/8/art_ 5519_
351327. html. 2016 年 2 月 1 日。

④ 夏莉萍：《论北京市涉外突发事件管理》，《北京行政学院学报》2011 年第 2 期，
第 80 页；王春英主编：《外事管理实务手册》，北京大学出版社 2013 年版，第 133 页。

⑤ 李志永：《"走出去"与中国海外利益保护机制研究》，世界知识出版社 2015 年版，
第 105 页。

定撤侨方面专门的预案，针对利比亚的特殊情况，撤侨方案的主要内容是临时由正在国内开会的中土集团副总经理陈志杰代表中国铁建向外交部和商务部做汇报时，基于其在利比亚多年的工作经验，结合以往从伊拉克和乌干达等国的撤离经验而提出的。基于陈志杰的建议，相关部门才拟定了"紧急租用周边国家邮轮等交通工具，尽快将在利比亚我国公民先期撤离至第三国，然后再分批回国"的撤离方案。①

美国政府定期颁布《国家安全战略报告》，对美国可能遭受的各种威胁和危机进行全面评估，作为一段时期内国家安全工作的指导，并在日常的应急管理中，选择实际案例，建立各类突发事件的案例库，及时更新应急预案，并从理论总结到实践操作全方位寻求符合美国国情的解决方案。②

1990 年以来，中国已至少实施了 26 次撤侨，几乎平均每年一次。③ 基于撤侨在当今领事保护中的常发性，外交部与商务部、交通部、旅游局和军方等部门以及地方政府等应在涉外突发事件应急预案的基础上制定更具针对性的撤侨预案（路线与地点选择、飞机轮船等交通准备、军事安全保障、信息沟通保障、物资经费保障以及国际协调与合作等）。尤其是"在进行大规模海外战略投送的时候，我们还需要相对完备的战略投送应急预案"，"如果事先有战略投送应急预案，那么完成任务时会更加迅速和顺利"。④

6. 领事保护资源保障

相较于美国的滞缓（租用船只）、英国的害怕（大力神运输机）、

---

① 杨娇、吴杰、刘青山：《国家行动 央企风范 利比亚中国公民大撤离追记》，《国企》2011 年第 4 期，第 92 页；裴长洪等：《中国海外投资促进体系研究》，社会科学文献出版社 2013 年版，第 419 页。

② 钟开斌、张佳：《论应急预案的编制与管理》，《甘肃社会科学》2006 年第 3 期，第 242 页；钟开斌：《中外政府应急管理比较》，国家行政学院出版社 2012 年版，第 409 页。

③ 李志永：《"走出去"与中国海外利益保护机制研究》，世界知识出版社 2015 年版，第 45 页。

④ 张慧：《从利比亚撤侨行动看加强海外战略投送能力建设的迫切性》，《学习时报》2011 年 5 月 9 日第 7 版。

加拿大的空返、韩国的纠结（包机费用）以及菲律宾与孟加拉的无力（尤其是孟加拉，其政府由于缺乏资金，致使六万孟加拉人滞留利比亚，无法撤离）而言，中国在利比亚撤侨中则体现出强大的硬实力（合理性——国家实力与领事资源）与软实力（合法性——人本性与国际协作），海军远洋行动能力和空军远程输送能力都得到了较好的体现与检验，甚至比美国的含蓄谨慎，更像是一个超级大国。①

从资金保障而言，在撤侨预案尚未确定之前，杨洁篪外长就要求外交部财务司司长先与财政部沟通好，做好特事特办的准备。②

结合撤侨的运送能力看，我国目前"拥有一千多架先进的民航主力飞机，形成了发达的世界性航空运输网。民用运输船舶拥有量近20万艘，专业远洋运输船舶近3000艘"。③ 不过，相较于土耳其（2月20日开始撤侨）、德国（2月22日开始撤侨）和埃及（从2月22日至24日，共撤出2.5万侨民）而言，④ 我国在利比亚撤侨的应急处置上依然还是存在一些短板和不足，这主要是基于领事保护资源保障上的不足。如我国远程输送能力依然不足，缺乏足够的大型军事运输机和远洋船只（利比亚撤侨中的大型飞机是从俄罗斯进口的，数量较为有限），缺乏相应的海外军事补给基地等。⑤ 这就导致"海军的海上战略预置能力、兵力输送能力和支援保障能力都受到了极大的限制"。⑥ 基于这些不足，一旦撤侨发生在缺乏国际协作、距离更为遥

---

① 《从利比亚高效撤侨：中国用行动奠定世界大国地位》，http://www.sinoca.com/news/world/2011-03-03/126945.html. 2016年2月5日。

② 何建明：《国家——2011·中国外交史上的空前行动》，作家出版社2012年版，第9页。

③ 张慧：《从利比亚撤侨行动看加强海外战略投送能力建设的迫切性》，《学习时报》2011年5月9日第7版。

④ 金圣荣：《利比亚战争背后的阴谋》，人民日报出版社2011年版，第244—248页。

⑤ 裴长洪等：《中国海外投资促进体系研究》，社会科学文献出版社2013年版，第419—420页。

⑥ 张慧：《从利比亚撤侨行动看加强海外战略投送能力建设的迫切性》，《学习时报》2011年5月9日第7版。

远的国家和地区，如南美洲，"中国还会这么运气吗？"① 这的确是一个值得认真思考的问题。这一次利比亚撤侨行动中海军的优秀表现，实际上也带有一定的偶然性。"'徐州'号护卫舰之所以能快速参与撤侨护航，是因为中国海军有一支反海盗护航编队在距离利比亚不远的亚丁湾执行任务，而且刚好是第七批与第八批护航编队交接更替时期，这样'徐州'号便可以从护航编队中退出执行其他任务，否则难有如此迅速的行动。"②

（二）　监测预警

监测预警一级指标下设两个二级指标：实时监测和预警引导。下面将结合这两个二级指标来对 2011 年利比亚撤侨进行评估。

1. 实时监测

结合利比亚事件看，利比亚自卡扎菲上台以来，贪污腐败盛行，贫富差距日益扩大，部落冲突不断。③ 2011 年 2 月 15 日，数百名利比亚民众在班加西展开了大规模的游行示威活动，并与警察发生了激烈冲突。2011 年 2 月 16 日，利比亚进一步开始骚乱，卡扎菲政府的支持派与反政府武装发生了正面冲突。这一期间，中国外交部及其驻利比亚使领馆等都未"更新针对利比亚局势的预警信息"，而此时美国国务院及其驻利比亚使领馆等已"上调地区安全警告级别"。④ 直到 2011 年 2 月 19 日，外交部才首次发布了关于利比亚局势的旅游预警信息——《请中国公民暂勿赴利比亚》，提醒中国公民利比亚局势紧张，已造成一定人员伤亡，一中资公司项目营地也遭到了袭击，⑤

---

① 《从利比亚高效撤侨：中国用行动奠定世界大国地位》，http://www.sinoca.com/news/world/2011 - 03 - 03/126945.html. 2016 年 2 月 5 日。

② 张慧：《从利比亚撤侨行动看加强海外战略投送能力建设的迫切性》，《学习时报》2011 年 5 月 9 日第 7 版。

③ 何腊柏：《境外资源合作风险防范与控制》，冶金工业出版社 2013 年版，第 166 页。

④ 凤凰周刊编：《中国利益：中国与利益相关国家的风云故事》，中国发展出版社 2013 年版，第 412 页。

⑤ 《利比亚局势紧张已有人员伤亡 中国公民请暂勿赴利》，http://travel.people.com.cn/GB/13971859.html，2016 年 2 月 5 日。

因此中国公民暂勿赴利,已在利的中国公民要加强安全防范,减少不必要的外出,避免前往事发地区或人员聚集场所,务必注意安全。① 2 月 22 日,商务部也发出预警信息。中国驻利比亚使馆则通告"在利中资企业,利已出现内战的可能,要求各公司做好撤回国内的准备"。②

由此可见,中国政府在利比亚事件上,缺乏预警指标体系,对利比亚的政治风险监测不够,在领事危机预警上将近滞后了一周的时间。实际上,2011 年 2 月 20 日,卡扎菲之子赛义夫·伊斯兰·卡扎菲就已发表讲话,指出利比亚有爆发内乱的可能。③ 当 2 月 22 日中国驻利比亚使馆发布撤侨信息时,"欧美等国驻利比亚使馆及有关公司非必要人员已基本完成撤离准备工作"。④

2. 预警引导

与 2014 年利比亚撤侨相比,2011 年利比亚撤侨由于实时监测上的不足就导致预警不及时,这样就无法发挥预警的社会引导和预控作用,最后只能采取大规模的国家撤侨行动。

(三) 应急处置

应急处置一级指标下设两个二级指标:指挥(决策)协调和执行处置。下面将结合这两个二级指标来对 2011 年利比亚撤侨进行评估。

1. 指挥(决策)协调(国内和国际)

面对利比亚局势的发展及其对我国数万公民安全的威胁,外交部立即启动应急机制。2011 年 2 月 21 日晚,胡锦涛主席与温家宝总理针对利比亚事件作出重要指示和批示(刘盛楠在对 2011 年利比亚撤

---

① 《利比亚局势紧张已有人员伤亡 中国公民请暂勿赴利》,http://travel. people. com. cn/GB/13971859. html,2016 年 2 月 5 日;《请中国公民暂勿赴利比亚》,http://cs. mfa. gov. cn/zggmcg/ljmdd/fz_ 648564/lby_ 650365/gbyj_ 650367/t800692. shtml. 2016 年 2 月 5 日。

② 夏莉萍:《中国领事保护机制渐成熟》,http://news. xinhuanet. com/world/2014 - 08/10/c_ 126851330_ 2. htm. 2016 年 2 月 5 日。

③ 金圣荣著:《利比亚战争背后的阴谋》,人民日报出版社 2011 年版,第 256 页。

④ 凤凰周刊编:《中国利益:中国与利益相关国家的风云故事》,中国发展出版社 2013 年版,第 412 页。

侨应急机制进行分析时认为，胡锦涛主席与温家宝总理作出批示的时间为 2 月 22 日，准确时间应为 2 月 21 日），① 国务院立即成立了应急指挥部，由副总理张德江担任总指挥。22 日上午 8 时，应急指挥部召开全体会议，会议决定立即启动国家涉外突发事件 Ⅰ 级响应，撤离在利比亚中国公民。② 领事司作为外交部部内牵头单位，第一时间成立了应急指挥部。会后，领事司立即上报利比亚撤侨方案。

　　领事保护的应急协调，既涉及外交部内部系统的密切配合，也包括外交部与其他部门以及地方政府之间的有效协调，同时，还需要相关国家的磋商协作。2004 年，经国务院批准，由外交部牵头，包括国务院 26 个部门和军方有关部门组成的"境外中国公民和机构安全保护工作部际联席会议"在北京成立。该部际联席会议主要是为了加强外交部、公安部、安全部、财政部、交通部、商务部和民航总局等部门之间的协调与合作，③ 共同做好境外中资企业、机构与人员的安全保护工作。在这一机制的带动下，广东、浙江、福建和北京等 18 个省（区、市）也建立了省级跨部门协调机制。此外，部际联席会议机制还不断拓展和创新，逐步建立以此为基础的中央、地方、驻外使领馆和企业等多元参与的领事保护格局和联动网络。④

　　在 2011 年利比亚撤侨中，国务院成立了应急指挥部，在其组织协调下，外交部、国资委、公安部、商务部、交通运输部和民航总局等部门和军方，中国驻利比亚、突尼斯、埃及、马耳他、希腊、阿联酋和土耳其等国的使领馆，⑤ 各地市以及中国建筑、中交集团、中国水电、葛洲坝集团、中国铁建、中远集团和中国海运等中资企业密切

---

① 刘盛楠：《中国公民海外安全保护研究——以利比亚大撤侨为例》，硕士学位论文，华中师范大学，2012 年，第 32 页。

② 夏莉萍：《从利比亚事件透析中国领事保护机制建设》，《西亚非洲》2011 年第 9 期，第 111—112 页。

③ 同上书，第 111 页。

④ 外交部领事保护中心：《认识境外中国公民和机构安全保护工作部际联席会议机制》，《中国应急管理》2015 年第 11 期，第 88 页。

⑤ 刘盛楠：《中国公民海外安全保护研究——以利比亚大撤侨为例》，硕士学位论文，华中师范大学，2012 年，第 33 页。

配合，构建了"中央、地方、驻外使领馆和企业"多元参与的大领事保护格局与联动网络。领事保护中心则充当着这次撤侨具体协调者的角色。

早在 2011 年 2 月 21 日晚，中国驻希腊大使罗林泉就着手准备撤侨的协调事宜，当时其与希腊总理府外办主任以及外交部秘书长等人都进行了照会和沟通，提出中方将"从利比亚撤离人员过境克里特岛回国的要求。希腊外交部几乎立即就表示同意，并称将做出简化入境手续、提供必要便利等特殊安排"。①

总体而言，这次国内与国际协调都很成功，尤其是中央企业在这次撤侨中的表现尤为突出，中国军方的参与也引人注目，是中国首次派遣军舰和军用运输机参与撤侨。在国际协调上，在面对多国、多地区和多线复杂撤离的情况下，② 中国政府和企业等积极与利比亚及其周边国家磋商协调，租用外国邮轮、飞机和客车等实施撤离行动，从而取得了巨大的成功。而美国因为与利比亚协调不利，其飞机无法进入利比亚领空，最终只得租用船只进行撤侨。

在这次撤侨中，公民个人实际上已经开始凸显其在大领事保护格局中的作用和影响，但却在这次应急方案和协调中却没有受到应有的重视。从这次撤侨应急机制看，外交部认为是构建了"中央、地方、驻外使领馆和企业""四位一体"应急格局和机制，③ 学术界基本也持这种看法。④ 总体而言，这次撤侨中公民个人表现出了较高的素质。共产党员在撤侨中体现出了"组织奉献""先群众后党员"的高风亮节，普通民众也给人留下了较好的印象，如希腊克里特省副省长库基

① 吴黎明：《零距离扫描国际大势》，国际文化出版公司 2012 年版，第 64 页。

② 张历历：《中国全力从利比亚大撤侨分析》，《当代世界》2011 年第 4 期，第 22 页。

③ 《中国撤离在利比亚人员行动专题吹风会在外交部举行》，http://cs.mfa.gov.cn/gyls/lsgz/ztzl/lbdxal/cllbyzt_645685/t804199.shtml. 2016 年 2 月 5 日。

④ 夏莉萍：《从利比亚事件透析中国领事保护机制建设》，《西亚非洲》2011 年第 9 期，第 113 页。

亚达基斯就认为"中方人员在克里特岛期间都很有纪律、很文明"①。部分华侨与留学生志愿者也在撤侨中发挥了积极作用。但也有个别民营企业的负责人只顾自己，不考虑其他工人的生命安全，临阵脱逃，②此外，还有个人不重视信息登记以及擅自行动等，这也给撤侨工作带来了一定的困扰与麻烦。

2. 执行处置

国航于 2 月 22 日启动应急程序。通过海陆空联动，打通了三条撤离利比亚的通道："从利比亚跨越地中海海路撤离到地中海沿岸其他国家的海上通道；从利比亚边境撤离到邻近的埃及、突尼斯等国的陆路通道；从中东地区撤离到北京的空中通道。"③

从海上通道看，2 月 22 日晚 18 时，中国租用的希腊籍客轮"奥林匹克冠军号"和"希腊精神号"从帕特雷港口出发前往利比亚撤离中国公民。

从陆路通道看，2 月 22 日晚 19 时，中建技术公司在利比亚的 83 名人员通过陆地乘车的方式安全到达利比亚——埃及边境的塞卢姆，④并顺利入境埃及。

从空中通道看，2 月 23 日 17 时，中国政府派出的首架国航包机从北京首都国际机场起飞，开始执行利比亚撤侨任务。⑤

3 月 5 日 23 时 15 分，中国政府协调派出的上海航空公司撤侨包机抵达虹桥机场，从马耳他接回了最后一批我国从利比亚撤出的 149

---

① 《国家行动：利比亚大撤离》编委会主编：《国家行动：利比亚大撤离》，人民日报出版社 2011 年版，第 153 页。

② 尚前名：《海外投资需避政治风险》，http://news. sina. com. cn/pl/2011 - 03 - 14/1211 22111718. shtml. 2016 年 1 月 20 日。

③ 林培旭：《全球化时代中国领事保护研究》，硕士学位论文，吉林大学，2013 年，第 50 页；《国家行动：利比亚大撤离》编委会主编：《国家行动：利比亚大撤离》，人民日报出版社 2011 年版，第 194 页。

④ 《我第一批 83 名人员自利比亚安全撤至埃及》，http://cs. mfa. gov. cn/gyls/lsgz/ztzl/lbdxal/cllbyzt_ 645685/t801385. shtml，2016 年 3 月 25 日。

⑤ 刘盛楠：《中国公民海外安全保护研究——以利比亚大撤侨为例》，硕士学位论文，华中师范大学，2012 年，第 31 页。

名公民。① 至此，从 2 月 22 日至 3 月 5 日，历时 12 天的、新中国成立以来最大规模的撤侨行动圆满结束。

结合领事危机管理节点模型和其他国家从利比亚撤侨情况看，我国的这次撤侨处置属于积极型应急处置，其成效也颇受国内公民、海外侨胞以及国际社会的关注和赞誉。

（四）善后学习

善后学习一级指标下设两个二级指标：救济补偿和总结学习。下面将结合这两个二级指标来对 2011 年利比亚撤侨进行评估。

1. 救济补偿

国家集中力量将利比亚应急撤侨任务圆满完成之后，实际上还要面对物质层面的恢复、赔偿和重建问题以及精神层面的安抚、总结和学习问题。

其一，撤回国内的三万多名公民，其身份的认定、工作的安排和损失的赔偿等后续问题都需要进一步处理。如中建八局"提前就对回国人员进行了妥善安置，重点部署了劳务工人的工资发放和安抚工作，没有出现任何上访及其他不稳定事件"。②

其二，我国企业在利比亚的巨大损失如何理赔的问题。

据商务部统计，我国在利比亚承包工程项目的企业有 75 家，承包的大型项目共有 50 个，涉及合同的金额是 188 亿美元。③ 但这也只是全部损失的一部分，还有一些民营企业的损失无从统计。海外投资保险覆盖率低、单一化以及中国与利比亚没有签订双边投资保护协定等因素都加大了赔偿的难度。

2. 总结学习

对领事危机管理的总结、评估与学习对于整个领事保护起到反馈

① 刘盛楠：《中国公民海外安全保护研究——以利比亚大撤侨为例》，硕士学位论文，华中师范大学，2012 年，第 31 页。

② 杨克明、于照文：《铁军八局：中国建筑龙头企业商道探寻》，北京大学出版社 2013 年版，第 133 页。

③ 《陈德铭：中企在利比亚承包项目 188 亿美元》，http：//news. ifeng. com/gundong/detail_ 2011_ 03/07/5020981_ 0. shtml. 2016 年 2 月 5 日。

的作用，对于提升领事保护能力、预防领事危机的发生具有重要的意义。通过对基础预防、监测预警、应急处置和恢复重建过程的评估，总结其经验和教训，提出针对性的对策措施，从而推进领事危机管理体制和机制的创新以及领事保护能力的提升。无论是中央、地方、驻外使领馆，还是企业和个人，都要善于在领事保护中学习提高，这样才能从危机事件中受益。如在对企业的经验总结上，就有一个很好的案例：中国石油利比亚项目部在面对通信瘫痪的情况下，"依托全球宽带局域网建立了利比亚应急小组 QQ 群，所有的指令、措施、方案、信息等都通过 QQ 群来快速传递"[①]，从而确保了撤侨中的信息沟通。

对利比亚撤侨的评估、总结和学习，我国整体上呈现出的是对应急处置的宏观式赞誉和歌颂，基本缺乏对其危机生命周期的全阶段评估与总结，尤其是对善后学习这一阶段更是较为忽视的，这其中与政府的绩效激励以及公众的新闻价值观有着重要关系。[②] 只是在 2011 年 5 月召开的境外中国公民和机构安全保护工作部际联席会议上，结合我国近年来的重大境外安全保护行动，特别是利比亚撤侨的经验和启示，"分析了做好境外中国公民和机构安全保护工作的重要意义和当前及今后一段时期工作面临的形势，研究了今后一段时期主要工作方向"[③]。这种总结和学习并没有形成一种制度化的安排。利比亚撤侨的应急成功并不能掩盖其在基础预防、监测预警以及善后学习环节上的缺陷和不足。即使对于应急处置而言，也并不是完美无缺。与中国的"完美彻底撤离"形成对比的是，西方国家的一些项目或者投资大都留下了部分人员，或者委托当地组织与个人担负起看护和了解情况的任务，而且还可以及时与利比亚全国过渡委员会进行接触和沟通，

---

① 罗远儒等主编：《实用 HSE 管理》，石油工业出版社 2013 年版，第 219 页。

② 李志永：《"走出去"与中国海外利益保护机制研究》，世界知识出版社 2015 年版，第 113 页。

③ 《境外中国公民和机构安全保护工作部际联席会召开》，http://www.gov.cn/gzdt/ 2011－05/27/content_ 1872139. htm，2016 年 3 月 12 日。

从而最大可能地保证项目的安全和利益。[1]

在利比亚撤侨的评估学习环节,我们只看到外交部的这样一段经验总结:"总结此次撤离行动的成功经验,我们认为,党中央、国务院领导的重视和全国人民的支持、不断增强的综合国力、中国特色社会主义制度、独立自主的和平外交政策、'四位一体'应急机制以及高素质的外交人员队伍为行动成功提供了坚强有力的政治保障、实力保障、制度保障、外援保障、机制保障和人力保障。"[2] 这里的评估、总结和学习实际上并不仅限于外交部内部,还应要求外交部能公开一些领事保护案例的详细资料和信息,不仅有成功的案例,而且也有失败的案例,便于学术界、媒体和公民共同推进对领事保护更为深刻的了解、认识和学习。一味宣扬领事保护的成就,只会加深企业和公民对领事保护无所不能的偏见,忽略应有的责任担当和风险预防。

三 2011 年利比亚撤侨:基于领事危机管理节点模型的总体评估

其一,从领事危机管理的生命周期全流程看,2011 年利比亚撤侨中仍体现出轻"基础预防、监测预警和善后学习",重应急处置的特点。中国领事保护的可持续发展应切实转变政绩观和激励机制,从侧重事中应急转向危机的生命周期全流程管理,突出基础预防,加强监测预警,完善善后学习,从而形成系统的全流程管理。领事保护以及海外利益保护的关键"在于建立健全危机管理系统",做到"事前未雨绸缪、事发水来土囤、事后亡羊补牢"[3]。

其二,从领事危机管理的基础预防看,2011 年利比亚撤侨中基础预防存在着较为严重的问题,海外公民信息登记不全,风险评估问题突出,单项预案准备与演练不足。中国领事保护的可持续发展应从更

---

[1] 邱永峥:《变天——中国战地记者亲历中东骤变》,人民日报出版社 2012 年版,第 289 页。

[2] 《中国撤离在利比亚人员行动专题吹风会在外交部举行》,http://cs.mfa.gov.cn/gyls/lsgz/ztzl/lbdxal/cllbyzt_645685/t804199.shtml,2016 年 2 月 5 日。

[3] 陆忠伟:《精心打造海外利益保护"金钟罩"》,《光明日报》,2015 年 12 月 1 日,第 12 版。

为长远和基础的层面来加强领事危机管理体系建设，做好海外安全宣传教育、海外公民信息强制登记、海外安全应急预案和风险评估工作。

其三，从领事危机管理的监测预警看，2011 年利比亚撤侨中监测预警存在着缺乏预警指标体系、预警较为滞后的问题。中国领事保护的可持续发展应加强预警能力建设，以便为应急处置奠定基础。

其四，从领事危机管理的应急处置看，2011 年利比亚撤侨中应急处置成效显著，从其合法性而言，既凸显了人本性又获得了国内以及国际社会的多方支持、协作与赞誉。不过，从合理性而言，其投入和消耗也颇为巨大，难以应付多点同时爆发或持续爆发的困境。"依据塔尔柏特（Talbot）的分析，目前美国行政机关运用 3E 的情形相当普遍，其中至少有 68% 的政府机关使用'效果'指标；14% 使用'经济'指标；8% 运用'效率'指标。"① 由此可见，基于公共服务与公共管理的公共性，效果因素影响颇大。有些公共产品或服务甚至可以为了效果而不顾成本。从 2011 年利比亚撤侨的效果而言，这一领事保护事件完全达到了目的，满足了民众的需求。从国内民众对这一事件的反响看，与 2015 年尼泊尔撤侨事件相比（主流媒体与网络舆论对此事的看法和评论呈现出较大的差异），主流媒体和社会舆论对这一撤侨事件体现出了较为一致的看法。结合具体的问卷调查看，大学生对 2011 年利比亚撤侨中的官方言论普遍表示认同，② 对于政府的人本理念和超强的行动能力都给予了高度赞扬，体现出一致的民族自信和国力自豪。从国际舆论对这一事件的反响看，2011 年利比亚撤侨也"赢得了国际社会的一致好评"③，如美国《华尔街日报》、法国

① 裘炜毅、杨东援：《社会物流系统的绩效衡量》，《城市规划汇刊》2003 年第 3 期，第 63 页。张成福、党秀云著：《公共管理学》，中国人民大学出版社 2001 年版，第 275 页。

② 这里的问卷调查笔者参考了张万坤在深圳大学所做的"大学生眼中的中国政府利比亚撤离公民行动"问卷调查与统计数据，详见：张万坤《大学生眼中的中国政府利比亚撤离公民行动——基于问卷调查的分析与思考》，载黄卫平、汪永成主编《当代中国政治研究报告》，第 10 辑，社会科学文献出版社 2013 年版，第 269 页。

③ 张岩松、张国桐：《政府公共关系》，清华大学出版社 2014 年版，第 184 页。

《欧洲时报》、德国《欧洲新报》、英国《金融时报》、西班牙《国家报》和新加坡《联合早报》等都对中国撤侨所取得的成效给予了高度评价。不过，领事保护如果仅仅考虑效果因素而不兼顾经济与效率，那么它也是难以可持续发展的。"大规模、快速、舒服且免费的撤侨行动根本不应该成为政府工作的目标。这既是因为很多时候，同时满足以上四个条件是不切实际的，更是因为从政府的法定责任上，试图做到这四点是对公共资源的不当支出，是对纳税人的不负责任。"① 因此，中国领事保护的可持续发展不能任性应急，而应尽量推动应急处置关口前移，把握主动，避免危机恶化和资源浪费。

其五，从领事危机管理的善后学习看，利比亚撤侨中善后有着一定体现，如商务部等部门就中资企业的损失做过一些努力，不过，在评估学习上存在着较大的欠缺和不足，这又会影响到以后的领事保护。中国领事保护的可持续发展应加强善后学习能力的建设。对于领事危机管理的相关领域要进行总结、学习和教育等，使得政府、社会和公民能够具备相应的危机意识和危机知识，既有助于领事危机管理能力的提升，又能够减小领事危机带来的损失，从而推动领事危机管理实现可持续的发展。②

其六，从领事危机管理主体看，利比亚撤侨中在应急处置中构建了中央、地方、驻外使领馆和企业"四位一体"的大领事格局。不过，对于公民个人的作用重视得不够。实际上，公民个人素质对于领事保护的成效也有着较为重要的影响，在利比亚撤侨中，中国公民的良好素质让外国人都感到惊讶和震撼，"让我震撼的是（撤侨的）效率、秩序与平静"。没有人与航班工作人员争论，也没有人把包裹和

---

① 《ZT：围绕"中国式撤侨"的那些声音》，http://blog.sina.com.cn/s/blog_4cf9ee
170102vluw.html，2016年3月26日；叶海林：《围绕"中国式撤侨"的那些声音》，http://
www.thepaper.cn/newsDetail_forward_1325626，2016年3月26日。
② 高恩新、余朝阳：《试论危机管理的常态化趋势》，《云南行政学院学报》2008年
第1期，第117页。

行李弄出声响，只是静静地排着队……①中国领事保护的可持续发展应注重领事危机管理主体的多元化，这一多元化并不仅仅针对应急处置，在其他三个阶段同样可以多元化。其中，公民个人的责任与作用应该引起重视。

---

①　《China organizes hasty retreat from Libya》，http://worldblog.nbcnews.com/_news/2011/03/03/6181345 - china-organizes-hasty-retreat-from-libya，2016 年 2 月 5 日。

参考文献

一　中文文献

（一）著作（包括译著）

［印度］B. 森：《外交人员国际法与实践指南》，周晓林等译，中国对外翻译出版公司 1987 年版。

常永华：《公共危机管理与西部地方政府执政能力问题研究》，中国社会科学出版社 2013 年版。

陈奕平主编：《和谐世界之桥：华侨华人与中国国家软实力》，暨南大学出版社 2014 年版。

顶针安全·顶针智库：《中国公民境外安全报告：2015》，时事出版社 2015 年版。

凤凰周刊编：《中国利益：中国与利益相关国家的风云故事》，中国发展出版社 2013 年版。

《国家行动：利比亚大撤离》编委会主编：《国家行动：利比亚大撤离》，人民日报出版社 2011 年版。

范振水：《中国护照》，世界知识出版社 2003 年版。

［英］戈尔·布思主编：《萨道义外交实践指南》，杨立义等译，上海译文出版社 1984 年版。

何建明：《国家——2011·中国外交史上的空前行动》，作家出版社 2012 年版。

［美］亨廷顿：《文明的冲突与世界秩序的重建》，周琪等译，新华出版社 1998 年版。

胡线勤编著:《李肇星说》,人民日报出版社 2012 年版。

胡元梓、薛晓源主编:《全球化与中国》,中央编译出版社 1998 年版。

胡税根等:《公共危机管理通论》,浙江大学出版社 2009 年版。

姜安鹏、沙勇忠主编:《应急管理实务:理念与策略指导》,兰州大学
   出版社 2010 年版。

金圣荣:《利比亚战争背后的阴谋》,人民日报出版社 2011 年版。

金正昆:《外交学》,中国人民大学出版社 2004 年版。

黎海波:《海外中国公民领事保护问题研究(1978—2011)》,暨南大
   学出版社 2012 年版。

李平、曹仰锋主编:《案例研究方法:理论与范例——凯瑟琳·艾森
   哈特论文集》,北京大学出版社 2012 年版。

[美] 李宗周:《领事法和领事实践》,梁宝山等译,世界知识出版社
   2012 年版。

李肇星:《说不尽的外交》,中信出版社 2014 年版。

李志永:《"走出去"与中国海外利益保护机制研究》,世界知识出版
   社 2015 年版。

李浩培:《国籍问题的比较研究》,商务印书馆 1979 年版。

李明欢:《当代海外华人社团研究》,厦门大学出版社 1995 年版。

李晓敏:《非传统威胁下中国公民海外安全分析》,人民出版社 2011
   年版。

梁宝山:《实用领事知识》,世界知识出版社 2001 年版。

梁碧莹:《艰难的外交——晚清中国驻美公使研究》,天津古籍出版社
   2004 年版。

梁淑英主编:《外国人在华待遇》,中国政法大学出版社 1997 年版。

廖小健等:《全球化时代的华人经济》,中国华侨出版社 2003 年版。

刘守旭、徐萍编著:《大国风范:中华人民共和国外交历程》,世界知
   识出版社 2013 年版。

刘宏:《跨界亚洲的理念与实践:中国模式·华人网络·国际关系》,
   南京大学出版社 2013 年版。

刘功宜编著:《出国人员如何求助——浅说"领事保护"》,中国经济

出版社 2005 年版。

刘国福:《移民法——出入境权研究》,中国经济出版社 2006 年版。

[美] 罗伯特·希斯:《危机管理》,王成等译,中信出版社 2001
年版。

龙小农:《跨国危机管理:理论、方法及案例分析》,中国传媒大学出
版社 2005 年版。

鲁毅等:《外交学概论》,世界知识出版社 2003 年版。

[美] 罗伯特·基欧汉、海伦·米尔纳主编:《国际化与国内政治》,
姜鹏等译,北京大学出版社 2003 年版。

罗艳华:《国际关系中的主权与人权》,北京大学出版社 2005 年版。

[德] 马克斯·韦伯:《经济与社会》,林荣远译,商务印书馆 1998
年版。

裴长洪等:《中国海外投资促进体系研究》,社会科学文献出版社
2013 年版。

钱其琛主编:《世界外交大辞典》,世界知识出版社 2005 年版。

丘日庆主编:《领事法论》,上海社会科学院出版社 1996 年版。

邱永峥:《变天——中国战地记者亲历中东骤变》,人民日报出版社
2012 年版。

宋云霞、王全达:《军队维护国家海外利益法律保障研究》,海洋出版
社 2014 年版。

孙昂:《美国对外事务法律机制》,国际文化出版公司 2010 年版。

孙智慧:《出入境管理法律与实践》,中国政法大学出版社 2013 年版。

陶坚、林宏宇主编:《中国崛起与全球治理》,世界知识出版社 2014
年版。

滕五晓:《应急管理能力评估——基于案例分析的研究》,社会科学文
献出版社 2014 年版。

《外交官在行动:我亲历的中国公民海外救助》编委会编著:《外交
官在行动:我亲历的中国公民海外救助》,江苏人民出版社 2015
年版。

王春英主编:《外事管理实务手册》,北京大学出版社 2013 年版。

王德迅：《日本危机管理体制研究》，中国社会科学出版社 2013 年版。

王辉耀、苗绿：《海外华侨华人专业人士报告》，社会科学文献出版社
　　2014 年版。

王逸舟：《全球政治和中国外交：探寻新的视角与解释》，世界知识出
　　版社 2003 年版。

王逸舟：《创造性介入：中国新取向》，北京大学出版社 2011 年版。

王逸舟：《创造性介入：中国外交的转型》，北京大学出版社 2015
　　年版。

王赓武：《中国与海外华人》，香港商务印书馆 1994 年版。

吴前进：《国家关系中的华侨华人和华族》，新华出版社 2003 年版。

夏莉萍：《领事保护机制改革研究——主要发达国家的视角》，北京出
　　版社 2011 年版。

向党：《中国涉外警务》，中国人民公安大学出版社 1997 年版。

肖群鹰、朱正威：《公共危机管理与社会风险评价》，社会科学文献出
　　版社 2013 年版。

"新中国领事实践"编写组：《新中国领事实践》，世界知识出版社
　　1991 年版。

许育红：《公民领事服务指南》，法律出版社 2015 年版。

薛典曾：《保护侨民论》，商务印书馆 1937 年版。

薛澜等：《危机管理：转型期中国面临的挑战》，清华大学出版社 2003
　　年版。

阎学通、孙学峰：《国际关系实用研究方法》，人民出版社 2001 年版。

［澳］颜清湟：《出国华工与清朝官员》，粟明鲜等译，中国友谊出版
　　公司 1990 年版。

杨光斌等：《中国国内政治经济与对外关系》，中国人民大学出版社
　　2007 年版。

杨闯主编：《外交学》，世界知识出版社 2010 年版。

杨泽伟：《主权论——国际法上的主权问题及其发展趋势研究》，北京
　　大学出版社 2006 年版。

余潇枫等：《非传统安全概论》，浙江人民出版社 2006 年版。

余潇枫等:《中国非传统安全能力建设:理论、范式与思路》,中国社会科学出版社 2013 年版。

于澄涛:《中国警官的法兰西岁月》,中国人民公安大学出版社 2010年版。

于军:《中国外交与外交政策》,国家行政学院出版社 2013 年版。

于军、程春华:《中国的海外利益》,人民出版社 2015 年版。

[美] 詹姆斯·多尔蒂:《争论中的国际关系理论》,阎学通等译,世界知识出版社 2003 年版。

张兵、梁宝山主编:《紧急护侨——中国外交官领事保护纪实》,新华出版社 2010 年版。

张成福、唐钧:《政府危机管理能力评估——知识框架与指标体系研究》,中国人民大学出版社 2009 年版。

张杰:《反恐国际警务合作:以上海合作组织地区合作为视角》,中国政法大学出版社 2013 年版。

张历历:《外交决策》,世界知识出版社 2007 年版。

张明、王永忠等:《中国海外投资国家风险评级报告 (2015)》,中国社会科学出版社 2015 年版。

张赛群:《中国侨务政策研究》,知识产权出版社 2010 年版。

张永理主编:《公共危机管理》,武汉大学出版社 2015 年版。

赵进军主编:《中国外交官与改革开放》,世界知识出版社 2013 年版。

赵红英、张春旺主编:《华侨史概要》,中国华侨出版社 2015 年版。

郑启荣主编:《改革开放以来的中国外交 (1978—2008)》,世界知识出版社 2008 年版。

中华人民共和国外交部政策研究司编:《中国外交》,世界知识出版社 1997—2015 年版。

《中国领事工作》编写组:《中国领事工作》,世界知识出版社 2014年版。

周南京主编:《境外华人国籍问题讨论辑》,香港社会科学出版社有限公司 2005 年版。

［美］朱迪斯·戈尔茨坦、罗伯特·基欧汉主编：《观念与外交政策》，刘东国等译，北京大学出版社 2005 年版。

朱瑞博：《突发事件处置与危机领导力提升研究》，中国法制出版社 2013 年版。

庄国土：《华侨华人与中国的关系》，广东高等教育出版社 2001 年版。

庄国土：《中国封建政府的华侨政策》，厦门大学出版社 1989 年版。

卓立筑：《危机管理新形势下公共危机预防与处理对策》，中共中央党校出版社 2013 年版。

（二）期刊文章

陈晓燕、杨艳琼：《秘鲁华工案与晚清海外华人政策》，《福建论坛·人文社会科学版》2005 年第 7 期。

方伟：《中国公民在非洲的安全与领事保护问题》，《浙江师范大学学报》2008 年第 5 期。

高艳萍：《中国外交实践中的人本思想》，《职业时空》2008 年第 11 期。

高智华：《论外交保护制度》，《福建政法管理干部学院学报》2003 年第 1 期。

顾百忠：《欧盟公民权利意识的发展》，《上海市政法管理干部学院学报》2002 年第 3 期。

何雪梅：《领事保护问题及其对策探析》，《洛阳理工学院学报》2008 年第 2 期。

胡鞍钢、门洪华：《入世五年：中国应进一步对外开放》，《开放导报》2007 年第 1 期。

黄涧秋：《论海外公民权益的外交保护》，《南昌大学学报》2008 年第 3 期。

冀满红：《论晚清政府对东南亚华侨的保护政策》，《东南亚研究》2006 年第 2 期。

孔小霞：《海外中国国民权益保护的国际法思考》，《兰州大学学报》2008 年第 6 期。

黎海波：《秘鲁华工案与晚清领事保护》，《光明日报》2011 年 4 月

14 日第 11 版。

李安山：《清朝政府对非洲华侨政策探析》，载北京大学非洲研究中心
　　编《中国与非洲》，北京大学出版社 2000 年版。

李晗：《所罗门撤侨行动纪实》，《世界知识》2006 年第 10 期。

梁晓君：《外交谈判战略浅析》，《国际政治研究》2008 年第 2 期。

卢文刚、黎舒菡：《中美海外公民领事保护比较研究——基于应急管
　　理生命周期理论的视角》，《社会主义研究》2015 年第 2 期。

罗金财：《浅谈 1860 年以后晚清政府外交护侨的表现》，《福建论
　　坛·社科教育版》2008 年专刊。

毛竹青：《试论在美国的中国公民权益受侵犯及其保护》，《华侨华人
　　历史研究》2008 年第 3 期。

《企业和个人：海外遇事怎么办》，《世界知识》2008 年第 17 期。

邱建章：《论晚清政府的护侨政策》，《周口师范学院学报》2004 年第
　　4 期。

任云仙：《清代海外领事制度论略》，《中州学刊》2002 年第 5 期。

桑艳东：《契约华工在南非（1904—1910）》，《华侨华人历史研究》
　　2001 年第 1 期。

沈国放：《坚持以人为本，加强领事保护》，《求是》2004 年第 22
　　期。

石洪涛：《中国将建立五项机制保护海外公民安全——专访外交部领
　　事司副司长魏苇》，《中国青年报》2005 年 12 月 28 日。

田源：《移民：传统经济维度中的非传统安全因素》，《经济问题探
　　索》2006 年第 9 期。

万霞：《海外公民保护的困境与出路——领事保护在国际法领域的新
　　动向》，《世界经济与政治》2007 年第 5 期。

万霞：《海外中国公民安全问题与国籍国的保护》，《外交评论》2006
　　年第 6 期。

万晓宏：《浅论清政府对海外华侨政策之演变》，《八桂侨刊》2001 年
　　第 1 期。

王剑华：《论对日索取民间战争赔偿的出路与意义》，《唐都学刊》

2006 年第 3 期。

王逸舟：《中国外交十特色》，《世界经济与政治》2008 年第 5 期。

王逸舟：《重塑国际政治与国际法的关系》，《世界经济与政治》2007 年第 4 期，第 6 页。

王颖丽等：《刘玉麟与晚清侨务在南非的开展》，《潍坊教育学院学报》2007 年第 1 期。

夏莉萍：《美英领事保护预警机制的特点及对我国的启示》，《外交评论》2006 年第 1 期。

夏莉萍：《日本领事保护机制的发展及对中国的启示》，《日本问题研究》2008 年第 2 期。

夏莉萍：《试析近年来中国领事保护机制的新发展》，《国际论坛》2005 年第 3 期。

夏莉萍：《中国政府在保护海外公民安全方面的制度化变革及原因初探》，《国际论坛》2009 年第 1 期。

夏莉萍：《从利比亚事件透析中国领事保护机制建设》，《西亚非洲》2011 年第 9 期。

许肇琳：《略论清代后期的设领护侨政策》，《八桂侨史》1995 年第 1 期。

［澳］颜清湟：《清朝对华侨看法的变化》，《南洋资料译丛》1984 年第 3 期。

叶自成：《从贾谊的民众主义看国际关系主体的重新定位》，《外交评论》2008 年第 1 期。

殷敏：《外交保护与领事保护的比较研究》，《国际商务研究》2008 年第 4 期。

尹生：《欧盟公民的生现代国际法的发展》，《江汉论坛》2004 年第 8 期。

袁丁：《同光年间清政府对遣使设领态度的转变》，《华侨华人历史研究》1994 年第 2 期。

苑焕乔：《清末政府向南非输出劳务述论》，《北京联合大学学报》2006 年第 1 期。

张效民，徐春峰：《晚清外交变化的观念因素》，《国际政治科学》2006 年第 2 期。

张历历：《中国全力从利比亚大撤侨分析》，《当代世界》2011 年第 4 期。

朱晓峰：《生命周期方法论》，《科学学研究》2004 年第 6 期。

庄国土：《1978 年以来中国政府对华侨华人态度和政策的变化》，《南洋问题研究》2000 年第 3 期。

庄国土：《对晚清在南洋设立领事馆的反思》，《厦门大学学报》2006 年第 5 期。

庄国土：《清朝政府对待华工出国的政策》，《南洋问题研究》1985 年第 3 期。

（三）学位论文

陈健：《冷战后中美海外公民领事保护之比较研究》，硕士学位论文，中国人民大学，2009 年。

冯江峰：《清末民初人权思想的肇始与嬗变》，博士学位论文，中国政法大学，2006 年。

郭志强：《领事协助法律制度研究》，博士学位论文，外交学院，2013 年。

郭德峰：《海外中国公民的安全保护》，硕士学位论文，湘潭大学，2007 年。

李霖：《领事保护法律制度研究》，硕士学位论文，外交学院，2011 年。

李娟娟：《领事保护制度研究》，硕士学位论文，外交学院，2008 年。

李小雨：《改革开放以来海外华商安全问题研究与对策探索》，硕士学位论文，暨南大学，2007 年。

林培旭：《全球化时代中国领事保护研究》，硕士学位论文，吉林大学，2013 年。

刘盛楠：《中国公民海外安全保护研究——以利比亚大撤侨为例》，硕士学位论文，华中师范大学，2012 年。

刘亚军：《欧洲宪政中的人权保护》，硕士学位论文，山东大学，2007

年。

孟涛:《当代法国领事服务机制研究》,硕士学位论文,外交学院,2013 年。

师会娜:《菲律宾领事保护研究及其对中国的启示——以菲律宾海外劳工领事保护为例》,硕士学位论文,暨南大学,2013 年。

史晓娇:《21 世纪初日本海外公民综合保护体系研究》,硕士学位论文,外交学院,2010 年。

王沛:《领事保护法律问题研究》,硕士学位论文,北京交通大学,2012 年。

吴文梅:《华侨国内权益保护法律制度研究》,硕士学位论文,外交学院,2006 年。

肖昱:《冷战后美国领事保护研究及其启示》,硕士学位论文,中南大学,2013 年。

徐旗:《韩国领事保护机制及其对中国的启示》,硕士学位论文,对外经济贸易大学,2014 年。

许育红:《领事保护法律制度与中国的实践》,硕士学位论文,外交学院,2003 年。

颜志雄:《日本领事保护制度研究》,硕士学位论文,外交学院,2006 年。

杨培栋:《外交保护制度研究》,硕士学位论文,外交学院,2007 年。

杨洋:《中国领事保护分析》,硕士学位论文,外交学院,2013 年。

二 英文文献

（一）著作

Amerasinghe (2004), *Local Remedies in International Law*, Cambridge: Cambridge University Press.

Borchard, Edwin M. (1928), *The Diplomatic Protection of Citizens Abroad*, New York: The Banks Law Publishing Co.

Denza (2004), *Diplomatic Law: A Commentary on the Vienna Convention on Diplomatic Relations*, London: Oxford University Press.

Gauss, C. E. (1921), *A Notarial Manual for Consular Officers*, Washington: Government Printing Office.

Janis, Mark. W. (1992), *International Courts for the Twenty-first Century*, Dordeeht: Martinus Ninjhoff Pulisher.

Lee, Luke. T. (1991), *Consular Law and Practice*, Oxford: Clarendon Press.

Meron, Theodor (2006), *The Humanization of International Law*, Leiden: Martinus Nijhoff Publisher.

Permanent Court of International Justice, Series, A, No. 2.

Shea, Donald R. (1955), *The Calvo Clause*, Minneapolis: University of Minnesota Press.

Stuart, Graham H. (1936), *American Diplomatic and Consular Practice*, New York: D. Appleton-Century Company.

Tiburcio (2001), *The Human Rights of Aliens under International and Comparative Law*, The Hague: Marthinus Nijhoff.

United Nations Development Programme (1994), *Human Development Report 1994*, New York: Oxford University Press.

Vattel, E. de. (1916), *The Law of Nations or the Principles of Natural Law Applied to the Conduct and to the Affairs of Nations and Sovereigns*, Washington.

(二) 期刊文章

Addo, Michael K. (1999), "Interim Measures of Protection for Rights under the Vienna Convention on Cosular Relations", *EJIL*, Vol. 10, No. 4.

Borchard, Edwin M. (1913), "Basic Elements of Diplomatic Protection of Citizens Abroad", *The American Journal of International Law*, Vol. 7, No. 3.

Ensslin, Barbara (2003), "Responding to Crisis Abroad: the Consular Affairs Role", *Foreign Service Journal*, February.

Fernández, Ana Mar. (2008), "Consular Affairs in the EU: Visa Policy as a Catalyst for Integration", *The Hague Journal of Diplomacy*, No. 3.

Forcese, Craig (2006), "The Capacity to Protect: Diplomatic Protection of DualNationals in the 'War on Terror'", *The European Journal of International Law*, Vol. 17, No. 2.

Geyer, Florian (2007), "The External Dimension of EU Citizenship: Arguing for Effective Protection of Citizens Abroad", *CEPS Policy Briefs*, No. 136, July.

Jones-Bos, Renée and Daalen, Monique van. (2008), "Trends and Developments in Consular Services: The Dutch Experience", *The Hague Journal of Diplomacy*, No. 3.

Leigh, Guy I. F. (1971), "Nationality and Diplomatic Protection", *The International and Comparative Law Quarterly*, Vol. 20, No. 3.

Lillich, R. B. (1975), "The Diplomatic Protection of Nationals Abroad: An Elementary Principle of International Law Under Attack", *The American Journal of International Law*, Vol. 69, No. 2.

Porzio, Giorgio (2008), "Consular Assistance and Protection: An EU Perspective", *The Hague Journal of Diplomacy*, No. 3.

Ray, Sarah. M. (2003), "Domesticating International Obligations: How to Ensure U. S. Compliance with the Vienna Convention on Consular Relations", *California Law Review*, Vol. 91: 1729.

Tindall, Karen (2012), "Governments' Ability to AssistNationals in Disasters Abroad: What Do We Know about Consular Emergency Management?", *Journal of Contingencies and Crisis Management*, Volume 20 Number 2 June.

Trindade, Antonio Augusto Cancado (2007), "The Humanization of Consular Law: The Impact of Advisory Opinion No. 16 (1999) of the Inter-American Court of Human Rights on International Case-law and Practice", *Chinese Journal of International Law*, Vol. 6, No. 1.

Warbrick, Colin (2002), "Diplomatic Representations and Diplomatic

Protection", *The International and Comparative Law Quarterly*, Vol. 51, No. 3.

Woodliffe, J. C. (1969), "Consular Relations Act 1968", *The Modern Law Review*, Vol. 32, No. 1.

《中国领事保护和协助指南》
（2015 年版）[①]

中国领事保护和协助指南（2015 年版）（一）[②]

发布时间：2015 年 04 月 30 日 14：35

第一部分　出国前特别提醒

一、掌握应急联系方式。行前请登录外交部网站（http：//www. fmprc. gov. cn/）和中国领事服务网（http：//cs. mfa. gov. cn/），查询并保存旅行目的地中国使领馆的联系方式以及相关旅行提醒、警告等海外安全信息。若目的地国与我国无外交关系，则可保存中国驻其周边国家使领馆的电话，以便就近求助。此外，您还可以记录外交部全球领事保护与服务应急呼叫中心热线号码＋8610－12308 或者＋8610－59913991 备用，或关注领事直通车微信（微信号：LS12308，二维码见封底）通过网络了解信息或与后台互动咨询。

二、检查护照有效期。护照剩余有效期一般应在一年以上，否则可能影响您申请他国签证，或影响您在国外期间的行程安排。

[①]　《中国领事保护和协助指南》（2015 年版），http：//cs. mfa. gov. cn/gyls/lsgz/ztzl/lsbhzn2015/，2016 年 4 月 10 日。

[②]　《中国领事保护和协助指南（一）》（2015 年版）http：//cs. mfa. gov. cn/gyls/lsgz/ztzl/lsbhzn2015/t1259780. shtml，2016 年 4 月 10 日。

三、办妥目的地国签证。确保已取得目的地国的入境签证和经停国家的过境签证，签证种类与出国目的相符，签证的有效期和停留期与出行计划一致。但需要注意的是，根据国际惯例，即使您已取得一国签证，该国也有权拒绝您入境且无须说明理由。

四、核对机（车、船）票。仔细核对票面上所显示的登机（车、船）时间、地点，以及联程票的前后衔接是否正确。

五、了解目的地信息。全面收集目的地风俗禁忌、气候条件、治安状况、流行疫病、法律法规等信息，并采取相应预防措施。

六、购买必要保险。国外医药等费用普遍较高，建议您根据自身经济条件，购买人身安全和医疗等方面的必要险种，以防万一。

七、体检和防疫。行前最好进行全面体检，并根据目的地国要求和情况，进行必要的预防接种，并随身携带接种证明（俗称"黄皮书"）。

八、慎重携带个人药品。许多国家对药品入境有严格规定，为减少不必要的麻烦，出国前应了解有关国家的海关规定，在允许的范围内选择所携药品的品种和数量。如因治疗自身疾病必须携带某些药品时，应请医生开具处方，并备齐药品的外文说明书和购药发票。

九、避免携带违禁物品。注意目的地国海关在药品、食品、动植物制品、外汇等方面的入境限制。请勿携带毒品、国际禁运物品、受保护动植物制品及前往国禁止携带的其他物品等出入境。切勿为陌生人携带行李或物品。如携带大额现金，必须按规定向海关申报。

十、留下应急联系方式。出国前应给家人或朋友留下一份出行计划日程表,约定好联络方式。建议您在护照"应急资料"页内详细写明家人或朋友的地址、电话号码,以备紧急情况下有关部门能够及时与他们取得联系。护照、签证、身份证应复印,一份留在家中,一份随身携带,还要准备几张护照相片,以备不时之需。

中国领事保护和协助指南(2015 年版)(二)①

发布时间:2015 年 04 月 30 日 15:49

第二部分　出国后特别提醒

一、视情进行公民登记。如您需在国外停留较长时间或所在国局势不稳,建议您在中国驻当地使领馆或通过中国领事服务网 http://cs. mfa. gov. cn/进行公民登记,以便出现紧急情况时,使领馆能及时与您取得联系。

---

① 《中国领事保护和协助指南(二)》(2015 年版),http://cs. mfa. gov. cn/gyls/lsgz/ztzl/lsbhzn2015/t1259820. shtml,2016 年 4 月 10 日。

二、提高安全防范意识。注意防盗、防骗、防诈、防抢。不要轻易给陌生人开门，不要让孩子告诉陌生人父母不在家。出门尽量不要随身携带贵重物品或大量现金，也不要在居住地存放大量现金。不在车内的明处摆放贵重物品，如车胎被扎，修车时务必要先锁好车门。不要在黑暗处招呼出租车，不要轻易让陌生人搭乘您的车。不将文件、钱包、护照等重要物品放在易被利器划开的塑料袋中。不要和陌生人一起行走，不要在公共场所参与他人的争吵。不要在街上捡拾遗落物品，以防被敲诈。如警察检查您的护照等证件，应先请他出示证件，记下他的警牌号、警车号。不要在黑市上换汇，交罚款时不要当街交给警察，而要凭罚款单交到银行等指定地点。

尽量不要随身携带贵重物品或大量现金，如遭遇盗抢，应立即向当地警方报警。

三、注重文明旅游。遵守当地法律规定，尊重当地风俗习惯和宗教信仰。遵守公共秩序，不要在酒店、餐厅、机场、影院等公共场所大声喧哗。就餐、乘船、乘车时注意排队，不要插队。注意自身形象，保持衣着得体。注重公共卫生，不随地吐痰，不在禁止吸烟的场所吸烟，在某些国家，还不能在公共场所饮酒。文明参观，不在景区刻画,不在禁止照相的地方照相,对当地人信奉的神明或珍贵文物等保持尊重。如因气候条件、机械故障等原因造成航班延误、改签、返航或者停飞的情况,应保持理解和合作。

四、确保出行安全。自驾出行时要高度重视交通安全,行前细致检查车况,了解路况,设计好行车路线,备好地图、备胎等应急装备。在实行左侧通行规则的国家,超车和并线时要特别注意。在身体不适时尽量不要开车,酒后禁止开车。在国外游泳、潜水、乘热气球等活动时要做足预防措施。

五、遇事及时求助。熟记当地火警、急救、警察等应急电话,遇事时要及时求助。如人身安全或财产受到侵害,应立即向当地警方报案,并请其出具报警证明,以便日后办理保险理赔、证件补发等手续。

六、依法理性维权。如您合法权益受到侵害,可通过向当地主管部门投诉、司法起诉等正当途径解决维权,不要采取过激行为。对于当地警察、移民部门的执法行为,应争取说明情况,防止误解,不要暴力抗法或者试图贿赂以减轻或免除惩罚。

七、尽快融入当地。如拟在外国长期生活，要注意留意当地报纸、电视、网络等媒体信息，熟悉当地政治、经济、文化和社会情况，入乡随俗，尽快适应当地生活。与邻为善，早日融入当地社会。

八、注重身心健康。在卫生条件较差的国家，请注意在外饮食健康，尽量避免吃未煮熟的食物或喝生水。切勿前往疫区、辐射污染区，不去赌博、色情等场所。

九、及时联系家人。通过电话、网络等方式与家人或朋友保持联络，以免亲友担忧。

十、严格按期出境。按照签证或居留许可允许的期限在有关国家停留，如需延长旅行计划，请提前在当地主管部门办理延期手续。

中国领事保护和协助指南（2015 年版）（三）①

发布时间：2015 年 04 月 30 日 15：52

第三部分　领事官员可以为您做什么

一、如所在国发生重大突发事件时，可以为您撤离危险地区提供咨询和必要的协助。

二、如您在外国服刑，或被拘留、逮捕，可以应您的请求或经您的同意进行探视。

三、如您遭遇意外，可以协助您将事故或损伤情况通知国内亲属。

四、如您遇到生计困难，可以协助您与国内亲属联系，请其协助解决费用问题。

五、如您在所在国与他人发生民事纠纷，或涉及刑事案件，或突

___

① 《中国领事保护和协助指南（三）》（2015 年版），http：//cs. mfa. gov. cn/gyls/lsgz/ztzl/lsbhzn2015/t1259821. shtml，2016 年 4 月 10 日。

发疾病,可以应您的请求,协助提供当地律师、翻译和医生等名单供您参考,但并不保证其服务质量达到您的预期。

六、如您需要寻找国外失踪或失联亲人,可以代为向所在国有关部门提出请求。

七、可以根据中国法律法规,为在国外的中国公民颁发、换发、补发旅行证件并进行加注。

八、可以根据中国法律法规,为遗失旅行证件或无证件的中国公民签发旅行证或回国证明。

九、可以根据中国法律法规和相关国际条约,为中国公民办理公证或为当地相关部门签发的拟送往中国使用的文书办理领事认证。

十、在与所在国法律法规不相抵触的情况下,为居住在驻在国的中国公民办理婚姻登记。

中国领事保护和协助指南（2015年版）（四）①

发布时间：2015 年 04 月 30 日 15：54

第四部分　领事官员不可以为您做什么

一、不可以为您申办他国签证或办理签证延期。

二、不可以为您在当地谋职或申办居留证、工作许可证。

三、不可以替您提起诉讼，不可以替您调查海外犯罪或死亡案件。有关请求应由当事人向所在国当局提出。

四、不可以干预所在国的司法程序或法律事务，不可以仲裁或解决您与他人的劳资争议、商业纠纷、刑事案件、子女抚养权纠纷或家庭事务。

---

① 《中国领事保护和协助指南（四）》（2015年版），http://cs. mfa. gov. cn/gyls/lsgz/ztzl/lsbhzn2015/t1259822. shtml，2016 年 4 月 10 日。

五、不可以帮助您在治疗、拘留或服刑期间获得比当地人更优的待遇。

六、不可以为您提供导游、翻译等服务，或为您支付酒店、律师、翻译、医疗及旅行（机、船、车票）费用或任何其他费用。

七、不可以将您留宿在使领馆内，或为您保管行李物品。

八、不可以为您购买免税物品。

中国领事保护和协助指南（2015 年版）（五）①

发布时间：2015 年 05 月 04 日 16∶13

第五部分 寻求领事保护的常见问题

一、什么是领事保护？它与领事协助和领事服务有什么区别？

（一）领事保护是指中国政府和中国驻外外交、领事机构维护海外中国公民和机构安全及正当权益的工作。

领事保护的实施主体是中国政府及其派驻国外的驻外使领馆。中国目前有 260 多个驻外使领馆，它们都是实施领事保护的主体。

领事保护的方式主要是通过外交途径向驻在国当局提出交涉、表达关切或转达当事人诉求，敦促其依法、公正、及时、妥善地处理。

领事保护的法律依据，主要包括公认的国际法原则、有关国际公约、双边条约或协定以及中国和驻在国的有关法律法规。

领事保护的内容是中国公民、法人在海外的合法权益，主要包括：人身安全、财产安全、必要的人道主义待遇，以及与我国驻当地使领馆保持正常联系的权利等。公民要求获得超出所在国国民待遇或因从事非法活动造成的法律后果等，不属于领事保护合法权益的范围。（详见"领事官员不可以为您做什么"）

（二）在实践中，领事保护一般针对海外中国公民安全和合法权

---

① 《中国领事保护和协助指南（五）》（2015 年版），http：//cs. mfa. gov. cn/gyls/lsgz/ztzl/lsbhzn2015/t1260458. shtml，2016 年 4 月 10 日。

益受到严重威胁或侵害的情况，如驻在国发生政局动荡、自然灾害、重大事故等危及海外中国公民的安全和合法权益；领事协助一般针对中国公民因客观原因或者自身原因陷入困境的情况，如海外中国公民因疏忽大意丢失财物等造成的暂时经济困难；领事服务一般指为海外中国公民提供的证件办理、民事登记等服务，如换/补发旅行证件、办理公证/认证、婚姻登记等。

二、什么人可以得到中国政府的领事保护？

凡是依照《中华人民共和国国籍法》具有中国国籍者，都可以请求获得中国政府的领事保护。也就是说，只要您是中国公民，无论是大陆居民，还是香港、澳门和台湾同胞，无论是定居国外的华侨，还是临时出国的旅行者，无论是在国外学习的留学生，还是务工人员，都是领事保护的对象。

三、出国时持中国护照，现已取得居住国国籍，是否还能享有中国驻当地使领馆的领事保护？

根据《中华人民共和国国籍法》规定，中国不承认中国公民具有双重国籍。定居国外的中国公民，凡自愿加入或取得外国国籍者，即自动丧失中国国籍，因而不再享有中国驻外使领馆领事保护的权利。

四、正在办理移民者，是否还能享有中国驻当地使领馆的领事保护？

正在办理移民手续者，在手续完结、国籍变更之前仍是中国公民，属于领事保护的对象。

五、中国公民在何种情况下可以请求领事保护？

中国公民在其他国家境内的行为主要受国际法及所在国当地法律约束。中国公民（包括触犯当地法律的中国公民）在当地合法权益受到侵害，在已经自行采取必要措施仍不能有效维护自身合法权益时，即可向中国驻外使领馆请求领事保护。

六、中国公民怎样能获得中国政府的领事保护？在寻求领事保护时应注意些什么？

如果您的合法权益在所在国受到侵害，或遭遇不测需要救助，您可以就近联系中国驻外使领馆，反映情况和有关要求。使领馆将在工作职责范围内向您提供领事保护。如您的行为违法，或因自身行为不当导致您及他人陷入危险境地，或您滥用领事保护，使领馆有权对提供给您的领事保护做出限制。

权利和义务不可分离。对海外中国公民而言，每位公民都有寻求和获得领事保护的权利，但也应承担相应义务和法律责任。主要应注意以下几方面：

（1）应对个人的出行选择、人身安全、资金安全和在海外的行为承担自身责任，应严格遵守当地和中国的有关法律法规；

（2）应立足于当地救助。首先设法寻求所在国警方或司法部门的保护与协助以尽快摆脱困境，如上述部门不作为或者有不公正行为，再寻求使领馆介入并实施领事保护和协助；

（3）应关注并听从外交部及中国驻外使领馆发出的安全提醒，当所在国发生严重事态，外交部及有关驻外使领馆提醒当地中国公民尽快撤离时，应及时响应，选择适当渠道撤离，避免陷入危险境地；

（4）要求中国驻外使领馆实施领事保护时，必须提供真实信息，不能做虚假陈述；

（5）在主观上有接受领事保护的意愿。使领馆在实施领事保护时必须遵循当事人自愿原则，充分尊重当事人的意愿；

（6）诉求不应超出所在国国民待遇水平。使领馆在实施领事保护时不能帮助当事人获得比所在国国民更好的待遇；

（7）不能干扰外交部或驻外使领馆的正常办公秩序，应尊重外交、领事官员；

（8）依法缴纳办理各种证件、手续的相关费用；

（9）使领馆提供的律师、翻译、医生名单仅供参考，并不必然保证其服务质量达到您的预期。您可另行选择其他律师、翻译和医生。

这个国家发生了政治动乱，咱们马上与中国驻这儿的使领馆联系，寻求协助，撤离危险区域。

七、在国外遭遇恐怖袭击、严重自然灾害、政治动乱等紧急情况时，应如何寻求领事保护？

（1）立即与就近的中国驻该国使领馆取得联系，以获得最新相关信息并进行注册登记。如您家人在国外与您失去联系，请您立即与中国驻当地使领馆取得联系，以获得最新相关信息，并提供您家人详细个人信息和联系方式等，以便使领馆协助查找。使领馆将在必要及可能时协助中国公民（含死伤人员）撤离危险区域（不一定是回国）。

（2）妥善保存自己的重要证件和文件，包括护照、出入境记录、保险和银行记录等。

（3）检查护照、签证是否有效，如需更新护照请即时到使领馆办理。

（4）将存放家中或随身携带的重要证件和资料双备份，以防万一。同时要保证自己驾驶的汽车安全及行驶正常，并储备必要的食品和药品。

（5）不要消极等待。如尚有安全方式离开，应立即行动。

八、在国外发生交通、工伤等事故时，如何处理？

应立即向当地警方报案或通知雇主，并要求其通知您的亲友或中国驻该国使领馆。您可要求领事官员敦促所在国当局尽快调查事故原因，或向您提供律师、医生等名单，以便后续处理。

九、在海外受到人身侵害，该怎么办？

应立即向当地警方报警，并索要一份警察报告（报警记录）复印件。同时与律师或医生（如需就医）联系，向中国驻当地使领馆反映情况。领事官员可以向您提供以下帮助：安排适当人员（如有性别要求）听取您的受害情况并承诺保护您的个人隐私；敦促警方尽快破案；了解案件进展情况；向您提供律师和翻译的名单；提供医院名单；补发丢失或受损的旅行证件；协助您与家人、朋友或雇主联系；寻求当地社会救助。但是，领事官员不能调查案件或干涉当地法庭的审理，不能代替您出庭，不能充当翻译，也不能替您支付律师费、医疗费或其他相关费用。

十、在居住国被拘留、羁押或监禁，该怎么办？

如您需要面见中国使领馆领事官员，应首先向所在的警察、监狱部门提出。领事官员将根据您的请求前往探视，并保护您的合法权益，如人道待遇、公平待遇等。领事官员还可以帮助您与亲友取得联系，向您提供当地律师名单。但是，领事官员不能干涉当地法律程序，不能代替您进行诉讼。

十一、在居住国受到雇主不公正对待或无故拖欠工资，如何处理？

您应当依据合同及当地有关法律法规与雇主协商解决。如协商未果，您可向当地法院提起诉讼。您可同时请求领事官员为您提供当地律师、翻译名单。领事官员可向您简要介绍所在国有关法律信息。

十二、持有效护照及签证在目的地国入境、出境或过境受阻时，如何寻求帮助？

您首先应向当地主管部门如实说明入境、出境或过境事由，同时了解受阻原因。如您不懂当地语言，可要求对方提供翻译服务。如果您的请求仍然得不到有关部门的回应，可要求与中国驻当地使领馆联系，寻求帮助。使领馆领事官员将向有关当局了解情况，视情反映您的要求，或进行必要交涉，但不能保证您一定会被放行。如交涉未果，您应理智接受当地主管部门的决定；如确系受到对方不公正对待，要注意收集和保存证据，以便日后诉诸法律解决。

十三、非法进入或滞留他国，既无有效证件，也无经济来源时，如何办理回国手续？

您应向中国驻当地使领馆如实报告本人真实和详细情况，包括姓名、出生日期、出生地、职业、家庭住址、联系电话、非法出境或滞留经过等。待您的原居住地公安机关核实、确认您的身份后，领事官员可为您颁发回国旅行证件。如您的家属已垫付您的回国费用，领事官员可协助购买回国机（车、船）票。

十四、中国护照在海外遗失、被偷或被抢时，怎么办？

请您即向当地警察部门报案，以便您向当地移民局申请出境签证时备用，同时向就近的中国驻当地使领馆申请补发护照或旅行证，以供回国使用。申请补发护照或旅行证所需的有关材料为：您本人完整、准确填写的《中华人民共和国护照/旅行证/回国证明申请表》、护照遗失/被盗抢的情况说明及照片。另外，请您尽量提供原护照复印件或其他个人身份材料。

　　我们提醒您注意：买卖、转让、伪造、故意损毁中国护照是违法行为，涉案人将承担相应法律责任。

　　十五、在海外遇到经济困难时，能寻求使领馆帮助吗？

　　中国公民在国外的费用应由自己负责解决。如果您因被盗、被抢等原因出现暂时经济困难，可向亲戚、朋友借款或通过家人汇款解决。如确有必要，您也可与中国驻当地使领馆联系，让家人汇钱至使领馆或外交部，并通过其转交。如确无法及时得到亲友救助，中国驻外使领馆可以提供小额垫款。受助中国公民须签署"还款保证书"并提供国内还款人有效联系方式，回国后在约定时间内还款。

　　十六、家人在海外死亡，如何处理？

　　（1）您可通过领事官员或亲友了解家人死亡原因和遗物（遗嘱）情况，并协助向当地有关部门申请获得死亡证明书等证明文件。中国驻当地使领馆可应申请为上述证明文件办理领事认证。领事官员不能调查死亡原因。如您对死因有疑问，可聘请当地律师向当地司法部门提出，请其做出合理解释或重新进行调查；亦可请领事官员协助向当地政府有关部门转交您的书面意见，请其对您的意见予以关注或将您的意见转达给当地司法机关。

（2）如死亡涉及刑事案件并已在当地提起诉讼，您应聘请律师，密切跟踪庭审情况，同时可请领事官员协助关注案件，并在当地法律允许的情况下旁听庭审。如您对庭审情况或判决结果不满，可请律师协助上诉，同时也可通过领事官员协助向当地有关部门转达您的意见。但是，领事官员不能调查案件，也不能代替您出庭。

（3）您可前往当地处理有关善后事宜，但一切费用（含国际旅费、食宿及市内交通费）须自理；赴有关国家的签证、宾馆预订、接送等手续须自行办理，亦可请有资质的旅行社协助；在国外如需翻译，使领馆可提供翻译名单，但费用须自理。

（4）如果您因故（如被拒签、无足够旅费等）不能前往当地处理后事，可委托在当地的亲友代办遗体火化、骨灰和遗物送回等事宜；如当地主管部门要求，您应提供经国内公证机关公证并经外交部（或其委托的地方外办）及有关国家驻华使领馆认证的授权委托书。如当地法律法规允许，亦可委托领事官员代为处理上述事宜（费用需自理），但您应事先提供经国内公证机关公证并经外交部或其委托的地方外办认证的授权委托书。

（5）如果您希望将遗体运回国，中国驻当地使领馆可向您提供办理运送遗体事务的公司名单。运送遗体的费用需要自行承担。

（6）由于国外法律规定不同，如家属长期不处理遗体，不仅无助于问题解决，而且当地有关部门还可能根据当地法律规定，在一定期限内将遗体进行埋葬或火化。

（7）死亡案件的处理时间可能很长，在这种情况下，您可聘请当地律师跟进处理。中国驻当地使领馆只能在职权范围内向您转告当地主管部门所提供的案件处理情况。

十七、家人在国外失踪或遭绑架，如何求助？

应尽快向当地警方报案。您也可向中国驻当地使领馆报告有关情况，包括失踪或被绑架者姓名、性别、年龄、职业、相貌特征和在国外住址等并寻求协助。领事官员将根据您的要求请所在国有关当局寻找失踪者或解救被绑架者。

十八、在国外突发重病或精神病，如何求助？

当您或您家人在国外突发重病或精神病，应迅速拨打当地急救电话，前往当地医院治疗。中国驻当地使领馆可以协助提供当地医院名单；可协助通知国内家属或单位。如您或您家人要回国治疗，经当地医院及有关航空公司同意，使领馆可协助联系航空公司予以适当关

照，机票等相关费用由您承担。

十九、与在国外的家人长期失去联系，可以请中国驻当地使领馆协助寻找他们的下落吗？

如果您已通过各种途径长期无法联系上您在国外的家人，中国驻当地使领馆可以在力所能及的情况下提供协助。目前中国政府没有强制要求所有海外公民到中国驻外使领馆进行公民登记，再加上他们的工作、住址和电话常有变动，因此，中国驻外使领馆协助寻亲十分困难。有时，即使找到您家人，他（她）本人却不愿与您联系。在这种情况下，领事官员可以为您传递一些信息，或在征得您亲友同意的情况下将其联络方式转告给您。

二十、中国驻外使领馆是否可以解决海外中国公民遇到的一切困难？

中国驻外使领馆为海外中国公民提供领事保护和协助，应该在有关国际法、驻在国和中国的法律框架内进行。中国驻外使领馆是国家的外交代表机构，在驻在国没有行政和司法权力，不能使用强制手段，不能代替个人主张其权利，只能通过外交途径敦促驻在国依法、公正、公平处理有关案件。使领馆积极协助当事人维护合法权益，但不能超越领事职务的权限。

中国领事保护和协助指南（2015 年版）（六）①

发布时间：2015 年 05 月 06 日 15：47

第六部分　文明出行　平安常在

一、公民个人

（一）讲究仪容仪表

不在公共场合脱去鞋袜、袒胸赤膊，不毫无掩饰地剔牙。不在卧

---

① 《中国领事保护和协助指南（六）》（2015 年版），http://cs.mfa.gov.cn/gyls/lsgz/ztzl/lsbhzn2015/t1261191.shtml，2016 年 4 月 10 日。

室以外穿着睡衣，不面向别人打喷嚏，不在妇女和儿童面前吸烟，不把烟雾喷向他人。

（二）注重个人修养

不粗言秽语，恶语伤人。礼让老弱病残，礼让女士。尊重服务人员劳动。不长时间独占公共设施。不强行与他人合影。

（三）遵守公共秩序

不在公共场所呼朋唤友、猜拳行令、扎堆吵闹，或高声接打电话。排队时不跨越黄线，不插队加塞。自觉排队乘坐交通工具，不争抢拥挤。

（四）尊重风俗习惯

尊重他国风俗习惯、宗教信仰和交往禁忌。不在教堂、寺庙等宗教场所嬉戏、玩笑。与人谈话应避免问及年龄、婚否、收入、信仰、情感等个人隐私。在穆斯林国家，女士不宜着装暴露。

（五）爱护公共设施

不损坏公共设施，不踩踏绿地，不摘折花木和果实。不在文物古迹上刻涂，不攀爬触摸文物。

（六）遵守公共规定

不在公共场所和禁烟区吸烟。不在禁止拍照的地区拍照。

（七）维护环境卫生

不乱扔垃圾、废弃物，乱倒污水。不随地吐痰、擤鼻涕、丢烟头、吐口香糖。上厕所后及时冲洗。

（八）讲究环保节约

节约用水用电。吃自助餐时一次取食不要太多，吃完后再适量取用，避免在面前摆放多个盛满食物的餐盘，避免浪费。

（九）奉行健康娱乐

拒绝黄、赌、毒，积极开展有益身心健康的体育锻炼和文化娱乐等活动。

二 企业法人

（一）树立风险意识

全面了解当地社会、经济、法治环境，充分评估企业及其人员面临的各种风险，建立有效的风险预警、防范和处理机制，确保经营顺利、人员安全。

（三）明确安全成本

根据当地实际情况，制定落实安全措施，定期排查安全隐患，进行安全教育培训，并为员工购买人身意外及医疗等保险。

（王）坚持诚实守信

坚持守法经营，严格依法纳税。坚守商业道德，不以次充好，也避免竞相"杀价"、相互拆台。牢固树立合法用工理念，为外派员工办理与其身份相符的签证、居留手续，保障劳动者合法权益。

（四）履行社会责任

坚持有取有予的企业发展理念，积极履行企业社会责任，注重环境保护，合理回馈当地社会。发展当地就业，尊重、善待当地雇员。

（五）妥善解决纠纷

重视倾听员工诉求，友好协商解决劳资纠纷，避免激化矛盾，损害企业形象。注重利用法律武器维护企业和员工合法权益，必要时要及时联系中国驻当地使领馆请求协助。

（六）推动合作共赢

广交朋友，增进友谊，努力扩大与当地社会的利益交会点，互信互利、共同发展，拓宽企业和谐发展空间，共享平安与繁荣。

中国领事保护和协助指南（2015年版）（七）[1]

发布时间：2015年05月08日16：16

外交部全球领事保护与服务应急呼叫中心（12308热线）简介

12308热线于2014年9月2日正式启动运行，全年无休24小时向海外中国公民和企业提供领事保护咨询与服务。呼叫中心热线电话

---

① 《中国领事保护和协助指南》（七）（2015年版），http://cs.mfa.gov.cn/gyls/lsgz/ztzl/lsbhzn2015/t1261876.shtml，2016年4月10日。

号码为 12308（或 59913991，在国外拨打方式与拨打北京市电话号码相同）。

12308 热线重点在于"领事保护"，核心在于"应急"，同时兼顾常见领保和领事证件咨询服务。主要职责有：一是为遇到紧急情况的求助人提供领保应急指导与咨询，必要时协调有关驻外使领馆跟进处理；二是向求助人介绍一般性领保案件的处置流程，并根据当事人需求提供建议；三是在发生重大突发领保案件时，承担应急处置"热线"功能，接受社会各界咨询；四是为中国公民提供领保常识及领事证件咨询服务。呼叫中心热线增加了我公民寻求领事保护与协助的选择，并不替代各驻外使领馆此前公布的领保电话和证件咨询电话。

中国公民在海外遭遇重大事故、自然灾害等人身安全受到威胁的紧急情况，可以拨打 12308 热线，按"0"再按"9"优先转人工服务。如有其他领事保护与协助请求，或需要咨询护照、签证以及各国安全情况等信息，建议优先登陆中国领事服务网以及中国驻相关国家使领馆网站获取信息，或是通过 12308 热线自助语音服务查询。

中国领事服务网（cs. mfa. gov. cn）简介

中国领事服务网于 2011 年建成并投入使用，设有"关于领事""中国公民出国""中国公民在海外""外国人来华""资料表格"等栏目，汇集领事工作新闻、领事证件指南、海外安全提醒等"一站式"资讯服务。2013 年改版后，又新设"办事指南"栏目，针对中国公民出国、在海外及外国人来华等热点问题增加了公众办理护照、旅行证、出国签证、公证认证、婚姻登记等各类因私类领事证件的需求信息，充实了目的地介绍、领事保护、国际旅行证件温馨提醒等各类领事静态信息，并开发了海外护照在线预约和填表系统、海外中国公民自愿登记系统等交互式访问服务功能。

海外申请护照在线预约系统可为申请人提供电子护照在线填表、预约和进度查询服务，便于申请人合理安排赴使馆办证时间，准确掌握办理进度和取证时间，目前已有 76 个驻外使领馆开通。

　　出国及海外中国公民自愿登记系统能有效收集临时出国及海外长居的中国公民的联系方式，有助于驻外使领馆更全面地掌握驻在国的中国公民相关信息，及时推送安全提醒，必要时提供领事保护与协助。

附 录 二

中国公民海外安全常识[①]

发布时间：2011 年 07 月 20 日 12：22

出行必备

身份证件

旅行在外，要养成随身携带身份证件的习惯。遇意外情况时，明确的身份情况是当事人获得及时、有效救助的基本条件之一，也是事后办理索赔、救济等善后手续的基本要求。

证件种类

在境外期间的身份证件包括护照、旅行证、当地的居留证、工作许可证、社会保险卡等。许多情况下，国内的居民身份证也可帮助中国驻外使领馆确定当事人的身份。

个人信息卡

如在境外停留时间长，且当地没有规定外国人必须随身携带护照备查，为避免丢失，建议将护照资料页复印，复印件背后写上紧急情况联系人的姓名、地址、电话，将此页塑封做成"个人信息卡"，一份本人长期随身携带，一份留在国内直系亲属处以备不时之需。

---

① 《中国公民海外安全常识》，http://cs.mfa.gov.cn/zggmzhw/lsbh/zwbh_660520/t841042.shtml，2016 年 4 月 10 日。

行前推荐

购买保险

旅行在外，出现意外情况的概率增加，且国外医药等费用普遍较高，建议出行前及在海外居留期间，购买必要的人身意外和医疗等方面保险，以防万一。同时，个人购买保险的有关情况也要及时告知家人。

行前提醒

了解国情

尽可能多地了解旅行目的国国情，包括风土人情、气候变化、治安状况、艾滋病、流行病疫情、海关规定（药品、食品、动植物制品、外汇方面的入境限制）等信息，并针对突出问题，采取必要应对或预防措施。

预防接种

根据旅行目的国的疫病流行情况，进行必要的预防接种，并随身携带接种证明（俗称"黄皮书"），以备进入目的国边境时检查。

检查证件

检查护照有效期（剩余有效期应在一年以上）、空白页（应有两页以上空白页），办妥目的国入境签证和经停国家过境签证，确定是否应携带"黄皮书"，核对机（车、船）票上姓名、时间、地点等信息，避免因证件问题影响旅行。

预防万一

携带《中国领事保护和协助指南》、本"常识"和相关宣传折页，认真阅读相关旅行提醒及安全常识，查明目的国中国使馆或领事馆的联系方式，旅行中尽量规避风险，同时还要确保紧急情况下能够及时联络求助。

少带现金

尽量避免携带大额现金出行，建议携带和使用银行卡。如银联卡，目前已可在全球许多国家使用，出境前可查询确认，以方便旅行。

如必须携带大额现金，记得做好安全防范，入出境时必须按规定向海关申报，还要注意目的地国家的外汇限制。

勿带禁品

严禁携带毒品、国际禁运物品、受保护动植物制品及前往国禁止携带的其他物品。

切勿为陌生人携带行李或物品，防止在不知情中为他人携带违禁品而引来法律麻烦。

慎带药品

慎重选择携带个人物品，在海关规定允许的范围内选择所携带药品的品种和数量。

携带治疗自身疾病的特殊药品时，建议同时携带医生处方及药品外文说明和购药发票。

配合审查

赴目的国的意图应与所办理的签证种类相符，入境时请主动配合目的国出入境检查机关的审查，如实说明情况。对外沟通时要注意保持冷静、理智，避免出现过激言行或向有关官员"塞钱"，以免授人以柄。

谨慎签字

入境一国遭遇特殊审查时，如不懂当地语言，切忌随意点头应允或在文件上签字。可立即要求提供翻译或由亲友代行翻译。如被要求在文件上签字，应请对方提供中文版本，阅读无误后再做决定。

入境惯例

当一国对您入境意图、停留时间、入境次数等有怀疑时，即使您已取得该国签证，该国也有权拒绝您入境并拒绝说明理由。

维护权益

如被一国拒绝入境，在等待该国安排适合交通工具返回时，应要求该国提供人道待遇，保障饮食、休息等基本权利。否则，应立即要求与中国驻当地使领馆联系。

常念家人

出行期间要与家人和朋友保持联系，及时向家人更新自己在外旅行日程、联络方式。

在外旅行、居留期间，可选择电话、电邮、短信等多种方式保持与家人和朋友的经常性联系。

出行安全

管好财物

不露富，不炫富。

如乘坐公共交通工具，事先准备好零钱。

不随身携带大额现金、贵重物品，也不在住处存放。

最好在白天人多处使用自动取款机，取款时最好有朋友在身边。

因商业往来等原因接收大额现金后，建议立即存入银行。

妥善保管证件。

丢失银行卡，应立即报警并打电话到发卡银行进行口头挂失，回国后再办理有关挂失的书面手续。

牢记特征

出行如发现可疑情况，留心周围环境的特征，如地点、地形、车辆、人们的行为、衣着等可辨认的细节，以利于意外情况发生后帮助警察抓到罪犯。

严防飞车

上街行走应走人行道，避免靠机动车道太近。

携物（背包、提包等）行走，物品要置于身体远离机动车道的一侧。

在摩托车盛行的国家或地区，应严防飞车抢劫。遭遇飞车抢劫不要生拉硬夺，避免伤害自己。

遵规守则

过马路要走人行横道、过街天桥或地下通道。

走人行横道时，遵守交通规则，确保安全时迅速通过。

在实行左侧通行的国家（如英国、澳大利亚、日本等）要注意调整行走习惯，确保安全。

不要边看地图边过马路。

减少夜行

远离偏僻街巷及黑暗地下道，夜间行走尤其要选择明亮道路。

尽量避免深夜独行，尤要避免长期有规律的夜间独行。

慎选场所

不去名声不好的酒吧、俱乐部、卡拉 OK 厅、台球厅、网吧等娱乐场所。

慎对生人

不搭陌生人便车，不亲自为陌生人带路，不被陌生人带路，不与不熟悉的人结伴同行。

回避大街上主动为你服务的陌生人，不饮用陌生人向你提供的食物、饮料。

安全驾车

夜晚停车应选择灯光明亮且有很多车辆往来的地方。

走近停靠的汽车前，应环顾四周观察是否有人藏匿，提早将车钥匙准备好，并在上车前检查车内情况，如无异常，快速上车。

上车后记得锁上车门，系上安全带。

下车时勿将手包等物品留在车内明显位置，以防车窗遭砸、物品被窃。

配合警察

遇到当地警察拦截检查时，应立即停下，双手放在警察可以看到的地方，切忌试图逃跑或双手乱动。请警察出示证件明确其身份后，配合检查和询问。

妥防勒索

如遭遇警察借检查之机敲诈勒索，应默记其证件号、警徽号、警车号等信息，并尽量明确证人，事后及时向当地政府主管部门和中国驻当地使领馆反映。

结伴出行

最好结伴外出游玩、购物，赴外地、外出游泳、夜间行走、海中钓鱼、戏水时尤其要注意结伴而行。

与众同坐

乘坐公共交通工具时，尽量和众人或保安坐在一起，或坐在靠近司机的地方。

不要独自坐在空旷车厢，也尽量不要坐在车后门人少的位置。

尽量避免在偏僻的汽车站下车或候车。

入乡随俗

穿衣着装要充分尊重当地风俗。在穆斯林国家，女士严禁着装暴露，不宜穿过露、过紧、过透的衣服。

预防溺水

选择有救生员监护的合格泳场游泳，避免野外随兴下水。

雷雨或风浪大的天气不宜游泳。

独自驾船、筏要备齐救生设备，包括救生衣、呼救通信设备，并应避免独自驾船、筏赴陌生水域。

乘坐船、筏，要遵守水上安全规定，了解掌握救生设备使用方法，并听从安全人员指挥。

居住安全

合法租房

了解当地房屋租售管理机关名称、职能，按照相关指导租住房屋。

租房应通过合法房屋中介，尽量选择在治安、环境条件较好的住宅区寻租，并签订完备的租住合同。

慎选合租

不与陌生人合租。

与友人合租时应注意保护个人隐私，妥存个人证件，防止银行卡遗失、密码泄漏。

严防陷阱

租房过程中注意留存相关广告、收据、合同等文件证据。

警惕低价出租广告,不因贪图廉价、方便而落入不法房主圈套。

当遭遇租房陷阱、被骗或被盗时,应及时向当地房屋租售管理部门投诉、向警方报案或采取进一步法律行动。

熟悉警局

了解所在区域警署位置、主管警官姓名、报警电话或紧急求助电话,将有关信息记录备用。

针对性防范

了解社区治安状况,根据当地突出问题或频发案件类型,采取对应安全措施,或移租至治安情况较好的地区。

居家提醒

家里不要存放大额现金。即使家中必须存放保险箱和贵重物品,也不要放置在客厅或门厅,以防不法分子从门口窥视到。

应根据当地社会治安状况,选择安装相应的居室防盗、报警设施,保证居住安全。

独自在家保持门窗关闭(上锁)。

在楼房底层居住尽量选择空调纳凉。

养成就寝时确认水、电、燃气、门、窗关闭(上锁)的良好习惯。

屋外安全

夜间返家应尽量乘电梯不走楼梯。

应在到家之前提前准备好钥匙,不要在门口寻找。

开门前注意是否有人跟踪或藏匿在住处附近死角。若发现可疑现象,切勿进屋,应立刻通知警方。

夜间送朋友回家时应等朋友平安进入后再离开。

慎邀入户

不熟悉的朋友,不轻易带回家。

不为陌生人开门,不让送报员、送奶工等服务人员进门。

预约修理工上门服务时,应选择在有亲友陪伴或告知邻居后进行，不与外来人员谈论个人或家庭情况。

及时求救

遇陌生人在门口纠缠并坚持要进入室内时，可在拒其进入的同时打电话报警，或者到阳台、窗口高声呼喊，向邻居、行人求援。

居家防火

防止易燃气体泄漏引起火灾。使用煤气等可燃气体，室内应具备通风条件。发现漏气现象，切忌使用明火寻找漏源，也不要开灯、打电话，应迅速关闭阀门，打开门窗通风。

防止用电不慎引发火灾。要经常检查家用电器线路、插座，线路老化、受损，插座接触不良均可能导致线路发热引发火灾。不超负荷用电，不用其他导线代替保险丝。

防止烤火取暖引发火灾。不在家中储存大量易燃液体。烤火取暖避免使用汽油、煤油、酒精等易燃物引火。火炉及电暖器周围不堆放可燃物，不在蒸汽管道、取暖器材周围烘烤衣物。老人、小孩烤火需有人监护。

安全出口

进入建筑物时先观察安全出口（紧急通道）位置，尤其是到达住地或下榻酒店时，应首先确认消防设施和安全出口位置，确认紧急通道畅通，以便紧急情况下自救和逃生。

预防触电

家用电器、电源设备等出现故障尽量寻求专业人员修理，避免自行带电维修。

勿用湿手更换灯泡、灯管，勿用湿布、湿纸擦拭灯管、灯泡。

发现有人触电，要立即切断电源。无法切断电源时，不能直接用手拉救，要用木棍使人和带电体脱离。

居家防雷

打雷时，应关闭电视机、电脑，更不能使用电视机的室外天线。雷电一旦击中电视天线，会沿电缆线传入室内，威胁电器和人身安全。

勿打手机或有线电话，应在雷电过后再拨打，以防雷电波沿通信信号入侵，造成人员伤亡。

不要靠近窗户，或把头、手伸出户外，更不要用手触摸窗户的金属架，以防受到雷击。

野外防雷

若在路上、田野等处遇雷雨天气无法躲避时，最好的应急措施是迅速蹲下，做到身体的位置越低越好，人体与地面接触越小越好，离铁路钢轨、高压线越远越好。

迅速关闭手机，不拨打或接听手机。

医疗安全

购买保险

了解当地医疗制度、费用情况，结合自身身体情况制订适宜的医疗计划，选择购买适合的医疗保险。

应急救治

了解附近药店、医院的具体位置，熟记当地的急救电话。并将相关信息记录留存备用。

关注疫情

关注当地报纸、电视等新闻媒体，了解有无疫情暴发。

饮食卫生

日常生活注意饮食卫生，照顾好自己的身体。

不吃不新鲜的食物和变质食物，不吃陌生人交给的食物，不吃捡拾得来的食物，不采摘食用蘑菇和其他不认识的食物。

注意食品保质期和保质方法。加工菜豆、豆浆等豆类食品时须充分加热。不吃发芽、发霉的土豆和花生。保持饮用水和厨房用水清洁干净，否则，应把水煮沸或进行消毒处理后饮用。

中毒救治

发生食物中毒，应立即停止食用可疑食品，赴医院寻求专业救治，或在专业人员指导下，采取饮水、催吐、导泻等方法进行自救。

尊重风俗

伊斯兰国家禁酒，禁止食用动物血液、猪肉和有利齿利爪的猛兽（如狗肉）、非反刍动物（如驴肉）或自死动物（包括因打、摔、触、勒、电等原因而死的动物）。

抑制传染病

有效抑制传染病的流行，关键在于切断传染病的传播链：即控制传染源、切断传播途径、保护易感染人群。

预防先行

养成讲卫生的好习惯，注意个人卫生、食品卫生、环境卫生。

加强身体锻炼，提高免疫能力。

按规定接种疫苗。对传染病人要早发现、早报告、早治疗、早隔离。防止交叉感染。

突发事件应对

应对袭击（偷盗、抢劫、行凶、人身侵害）

在公共场所遭遇袭击，要大声呼救，喝阻坏人，为己壮胆，伺机摆脱。

在偏僻地方遭遇袭击，切记保命为重，避免为保全身外之物而遭受人身伤害。

牢记报警：记住不法分子、相关交通工具及周围环境的特征，尽快报案。报案既是为自己，也是为他人，避免因不愿报案，在当地形成中国人胆小、好欺负的印象。

及时与家人、朋友联系，告知案情。避免家人、朋友因信息不畅被不法分子借机欺骗、敲诈。

如遇受损失大、性质严重，可向中国驻当地使领馆反映情况，便于使领馆及时向当地有关部门提出交涉。

应对恐怖袭击

沉着冷静，不要惊慌。

遭遇炸弹爆炸：应迅速背朝爆炸冲击波传来方向卧倒，如在室内可就近躲避在结实的桌椅下。爆炸瞬间屏住呼吸、张口,避免爆炸所产生的强大冲击波击穿耳膜。寻找、观察安全出口,挑选人流少的安全出口,迅速有序地撤离现场并及时报警。

遭遇匪徒枪击扫射:应快速降低身体姿势,利用墙体、立柱、桌椅等掩蔽物迅速向安全出口撤离。来不及撤离就迅速趴下、蹲下或隐蔽于掩蔽物后,迅速报警,等待救援。

遭遇有毒气体袭击:尽可能利用环境设施和随身携带的手帕、毛巾、衣物等遮掩口鼻,避免或减少毒气侵害。尽可能戴上手套,穿上雨衣、雨鞋等,或用床单、衣物遮住裸露的皮肤。尽快寻找安全出口,迅速有序地撤离污染源或污染区域,尽量逆风撤离。及时报警,请求救助,并进行必要的自救互助,采取催吐、洗胃等方法,加快毒物的排出。

遭遇生物恐怖袭击:应迅速利用手帕、毛巾等捂住口鼻,最好能及时戴上防毒面罩,避免或减少病原体的侵袭和吸入。尽快寻找安全出口,迅速撤离污染源或污染区域并及时报警,请求救助。

应对火灾

熟记所在国火警电话,并将电话号码填写在下面空白处,遭遇火灾时应迅速报警求救。

在烟火中逃生要尽量放低身体,最好是沿着墙角匍匐前进,并用湿毛巾等捂住口鼻。必须经过火场逃离时,应披上浸湿的衣服或毛毯、棉被等,迅速脱离火场。

三楼以下楼房逃生时,可以用绳子或床单、窗帘拴紧在门窗和阳台的构件上,顺势滑下。或者利用结实的竹竿、室外牢固的排水管等逃生。

若逃生路线被封锁,应立即返回未着火的室内,用布条塞紧门缝,并向门上泼水降温。同时向窗外抛扔沙发垫、枕头等软物或其他小物件发出求救信号,夜间可通过手电发出求救信号。

公共聚集场所发生火灾,应听从指挥,就近向安全出口方向分流疏散撤离,千万不要惊慌拥挤造成踩踏伤亡。在人群中前行时,要和人群保持一致,不要超过他人,也不要逆行。若被推倒在地,首先应保持俯卧姿势，两手抱紧后脑，两肘支撑地面，胸部不要贴地，以防止被踏伤，条件允许时迅速起身逃离。

高层建筑发生火灾，应用湿棉被等物做掩护快速向楼下有序撤离。应选择烟气不浓，大火未烧及的楼梯、应急疏散通道逃离火场。必要时结绳自救，或者巧用地形，利用建筑物上附设排水管、毗邻阳台、临近的楼梯等逃生。在无路可逃的情况下，到室外阳台、楼顶平台等待救援。不能乘电梯逃生。

汽车发生火灾，应迅速逃离车身。如车上线路烧坏，车门无法开启，可就近自车窗下车。如车门已开启但被火封住，同时车窗因人多不易下去，可用衣服蒙住头部从车门处冲出去。

地铁发生火灾，应利用手机、车厢内紧急按钮报警，并利用车厢内干粉灭火器进行扑救。无法进行自救时，应听从指挥，有序地安全逃生。不要大喊大叫、惊慌失措，也不能自行驶中的列车车窗跳下。

应对洪水

提早撤离，紧急时登高躲避，危机时就近攀爬树木、高墙、屋顶（不要爬到泥坯房屋顶），不要惊慌失措，不要游泳逃生，不要接近或攀爬电线杆、高压线铁塔。

携带可长期保存的食品、足够的饮用水和其他生活必需品。

用可漂浮物自救。如被洪水卷走，尽可能抓住固定或漂浮物品。

移动电话可以寻求救援。如情况允许，应将移动电话充足电并使用塑料袋密封包裹，以保证电话的正常使用。

身着醒目的衣服便于搜救人员识别、寻找。选择衣服时，要注意衣服颜色与附近房屋屋顶颜色、植物颜色相区别。

应对地震

地震发生时应沉着冷静，不要惊慌。

如果在室内，迅速关掉电源、气源。蹲下，寻找掩护并抓牢——利用写字台、桌子或者长凳下的空间，或者身子紧贴内部承重墙作为掩护，双手抓牢固定物体。如果附近没有写字台或桌子，用双臂护住头部、脸部，蹲伏在房间的角落。远离玻璃制品、建筑物外墙、门窗以及其他可能坠落、倒塌的物体，例如灯具和大衣柜等。在晃动停止并确认户外安全后，方可离开房间。不要站在窗户边或阳台上。不要跳楼或破窗而出。切勿使用电梯逃生。

如果在室外，远离建筑区、大树、大型广告牌、立交桥、街灯和电线电缆，之后待在原地不动。

如果在开动的汽车上，在确保安全的情况下，尽快靠边停车，留在车内。不要把车停在建筑物下、大树旁、立交桥或者电线电缆下。不要试图穿越已经损坏的桥梁。地震停止后小心前进，注意道路和桥梁的损坏情况。

如果被困在废墟下，要坚定意志，就地取材加固周围的支撑。不要向周围移动，避免扬起灰尘。用手帕或布遮住口部。敲击管道或墙壁以便救援人员发现。可能的话，请使用哨子。在其他方式都不奏效的情况下再选择呼救——因为喊叫可能使人吸入大量有害灰尘并消耗体能。不在封闭室内使用明火。

应对台风、飓风

台风（飓风）到达前，要随时通过电台、电视了解台风（飓风）移动情况及政府公告，确保门窗牢固，熟悉安全逃离的路径和当地的避难所，准备不易变质的食品及罐装水、自救药品和一定现金，保证家用交通工具可正常使用，并加足燃料，随时听从政府公告撤至安全区域。

台风（飓风）来临时，应紧闭门窗，关闭室内电源，尽量避免使用电话、手机。远离门窗和房屋的外围墙壁，躲到走廊、空间小的内屋、壁橱中，或者地下室、半地下室。不要外出。

如在室外，请不要在大树下、临时建筑物内、铁塔或广告牌下避风避雨。不要在山顶和高地停留，要避开孤立高耸的物体。

如在水上，应立即上岸。

如在汽车上，立即离开汽车，到安全住所内躲避。

如在公共场所，要服从指挥，有秩序地向指定地点疏散。

未收到台风（飓风）离开的报告前，即使出现短暂的平息仍须保持警戒。

台风（飓风）过后，应注意检查煤气、水、电路的安全性，不使用未被确认为安全的自来水，不要在室内使用蜡烛等有火焰的燃具。室外行走遇路障、被洪水淹没的道路或不坚固的桥梁，应绕行，并注意静止的水域很可能因为电缆或电线损坏而具有导电性。

特殊地理环境、气候应对

应对热带雨林气候

提前做好疾病疫苗注射，准备驱湿防暑药品，多喝些淡盐水、吃些清淡食品，保持身体健康，提高免疫能力。

防病：准备必要的药品，如蛇药片、预防疟疾药品、肠胃药、白药、酒精、碘酒、药棉、纱布绷带等。携带充足的饮用水，如需取用自然水源，请务必加热煮沸。

防蛇咬：用木棍拨打草丛，将蛇惊走。一旦不小心被毒蛇咬伤，不要惊慌，要及时寻求专业医疗救治，并在此前迅速自救。自救处置，应先把伤口上方（靠心脏一方）用绳或布带缚紧，再用力挤压伤口周围的皮肤组织，将有毒素的血液挤出，然后可用清水、唾液洗涤伤口，同时可服下解蛇毒药片，并用药片涂抹伤口。

避雷击：如果在雨林中遇到雷雨，可到附近稠密的灌木带躲避，不要躲在高大的树下。避雨时应把金属物暂存放到附近一个容易找到的地方，不要带在身上。

防蚊：不穿短衣裤，应扎紧裤腿和袖口。当夜幕降临时，最好支起帐篷或蚊帐睡觉，以防蚊虫叮咬。

防水蛭：在鞋面上涂肥皂、防蚊油可防止水蛭上爬，大蒜汁也可驱避水蛭。喝开水，防止生水中水蛭幼虫体内寄生。如被水蛭叮咬，勿用力硬拉，可拍打使其脱落。也可用肥皂液，浓盐水，或用火烤使其自然脱落。压迫伤口止血，或用炭灰研成末或捣烂嫩竹叶敷于伤口。

应对寒冷气候

防雪盲：备墨镜，太阳镜

防干：润肤露和润唇膏

防冻：风雪天外出应戴上手套、防寒帽、耳朵套。保持脚部的温暖干燥，袜子湿了要及时更换，风大时应停止户外活动。经常按摩揉搓冻伤部位以促进血液循环。在高海拔地区，可补充吸氧，促进血液循环。

应对高原环境

患有严重心脏疾病者应避免前往高原地区。

保持良好心态，消除恐惧心理，避免过度紧张。

限制体力消耗，避免剧烈运动，保持良好食欲及体重平衡。

保证充足睡眠，不要暴饮暴食，不要酗酒，刚到达高原地区几天内不要洗澡。

在专业人员指导下服用抗高原反应药物。适当吸氧。当反应症状加重时，应及时到医院就诊。

附 录 三

中国企业海外安全风险防范指南（新）[①]

发布时间：2011 年 11 月 22 日 15：45

目 录

第一篇　组织领导

树立风险和责任意识

牢固树立"以人为本、员工生命安全高于一切"的观念，严格落

[①] 《中国企业海外安全风险防范指南（新）》，http://cs.mfa.gov.cn/zggmzhw/lsbh/lbsc_660514/t877276.shtml，2016 年 4 月 10 日。

实安全责任制。境外企业要把员工的安全保护工作视为保证项目顺利进行的前提，坚持"谁主管谁负责，谁用工谁负责"的工作原则，亲自策划、完善措施、落实责任、严格考核、兑现奖惩。

健全管理体制

切实构建企业总部—直属单位—境外机构三级海外安全风险防范工作管理体系，做到前后方无缝对接、国内外分级管控。企业总部、直属单位成立相应级别的应急指挥中心，明确部门统筹负责海外安全风险防范工作。境外机构具体开展安全管理工作，制定实施细则，落实安全责任制和防范措施。实施境外项目总承包的企业，应将所有分包单位的相关境外机构和人员纳入统一管理体系。

完善制度建设

结合企业实际，制定完整、可操作性强、分层分级的海外安全风险防范工作规章制度，建立境外安全突发事件应急处置机制，制订并逐步完善应急预案，层层落实，严格执行，加强对海外安全风险的识别、规避、处理、善后等全过程管理，全力打造海外安全风险防范的完整链条，实现海外项目安全管理的制度化和体系化。

加强境外党建

重视境外基层党组织建设，努力抓好海外项目和机构党建工作，提升党组织的创造力、凝聚力和战斗力。把海外安全风险防范纳入海外党建工作，并作为其重要内容，充分发挥党组织的战斗堡垒作用和党员的先锋模范作用，为海外安全风险防范工作提供有力保障。

第二篇　员工选派和雇用

严格甄选外派员工

坚持严格把关，优先选择政治素质较高、业务素质过硬、个人道德品质较好的员工赴海外工作，避免因员工个人问题引发不必要的安全风险。

坚持属地化经营

尽量提高海外项目当地员工的雇用比例，加强对当地雇用员工的培训和管理，提高其工作技能和业务水平，尽可能减少外派员工数量，最大限度降低海外安全风险。

规范雇用当地员工

推行属地化经营的同时，充分利用当地政府或第三方资源建立当地员工雇用审查制度，避免将一些不稳定因素引入项目工地，酿成中外员工间纠纷甚至群体性事件。同时要与当地雇用员工依法签订有关劳动合同，明确各自权利义务，避免日后产生劳资纠纷。

第三篇 安全培训

出国前集中培训

将外派员工出国前培训作为一项硬性指标加以落实，通过外包、出国培训、专业机构培训等方式，针对公司海外项目和机构负责人、境外安保工作负责人、专职安保人员和普通外派员工的不同岗位要求，对其进行全覆盖、针对性培训，提高安全防范意识和能力，增强安全管理综合能力，切实落实"不培训、不派出"制度。实行境外项目总包合同的企业，应对参与合作的分包单位境外安全教育和培训工作负总责。

出国后日常培训

企业要将员工派出后的安全培训作为一项日常工作，常抓不懈。结合项目周边风险和自身实践经验，编制海外安全防范工作培训手册，定期和适时组织学习，督促员工不断提高自身安全防范意识和能力。将境外日常安全培训工作纳入境外管理条例，列入员工测评和考核范围，不论何人，都要严格执行入场安全教育；建立培训内容、考勤档案，保证全员覆盖；定期回顾注意事项和安全风险事件，增强安全意识。

应急预案的制订和演练

针对境外机构所在地安全风险状况，以"用得上、行得通、靠得住"为标准制订企业境外安全突发事件应急预案，并定期组织员工就预案内容进行演练，根据实际情况不断加以改进和完善。

第四篇　风险评估

立项评估

坚持对境外项目承揽和机构设立进行风险评估审查，实行安全风险一票否决制，切实做到"不评估、不立项"。尤其对高风险国家和地区设立的机构、项目，应事先聘请专业安全机构进行安全风险评估，并征求国内有关部门及相关驻外使领馆的意见，避免因盲目立项而自陷险地。

安全成本评估

企业要在立项前对项目安全成本进行核算，将安全投入纳入项目预算，将安全保障内容作为专门条款纳入项目合同或正式书面文件。对于承包工程和外派劳务项目，要在合同中明确业主有义务采取一切必要措施保护企业施工人员的人身安全和正常施工秩序。

风险动态评估

企业境外项目和机构要提高风险意识，密切跟踪、积极研判所在国和地区的安全形势，增强分析判断能力和风险识别能力。加强对正在执行项目所在国和地区政治、经济、法律、风俗等方面的研究，对可能存在的风险进行动态评估。

信息渠道建设

通过多种信息渠道，加强信息收集和预警。依靠驻外使领馆、当地政府、军方、中外方合作伙伴和媒体做好信息收集工作；可以与国际性专业安保机构或组织合作，充分利用外部资源；各境外机构应根据所在地风险情况，实行相应的安全报告制度，及时向国内和驻外使领馆报告项目及人员安全情况。

第五篇　安全软环境建设

坚持守法经营

注意维护国家和企业形象，注重企业长远利益，聘请法律顾问，了解并遵守当地法律法规，摒弃违法短视行为。避免出现因手续不全、经营不规范甚至违规违法而导致海外安全风险上升的情况。

履行社会责任

正确把握企业发展和回馈社会的关系，坚持经济效益和社会效益并重、有取有予的企业发展道路，做好环境保护，促进当地就业，积极参与公益事业。

提倡诚实守信

坚守商业道德，拒绝伪冒假货，杜绝坑蒙欺骗、行贿索贿。加强中资企业间团结，避免恶性竞争、相互拆台。与当地社会群体、个人发生纠纷时，应要求员工保持克制，采取措施避免矛盾激化，充分利用法律武器维护企业和员工合法权益并及时与驻外使领馆取得联系。

融入当地社会

了解、尊重当地习俗，加强与当地社会的跨文化沟通交流，注重做好宣传工作，提高外籍员工忠诚度，建立信任感，使当地社会切实感受到我国企业投资经营为当地带来的"红利"，使其自发自愿成为我国企业在当地的"安全信息通报员"和"保护者"。

重视宣传交流

加强与所在国政府、工会组织等有关社会团体及当地媒体的沟通交流，多宣传企业为促进当地社会经济发展所做贡献，争取当地各界对企业的理解和支持。注意防控舆论风险，对涉及企业的不实负面报道，要及时通过媒体澄清、说明。

共建和谐世界

广交朋友，增进友谊，维护不同种族、不同民族之间的友好关系，努力扩大与当地社会的利益交会点，塑造利益共同体，加深互信、共同发展、互利共赢，拓宽企业和谐发展空间，共享平安与繁荣。

第六篇　安保硬件投入

规范营地建设

制定境外机构营地建设标准，根据实际风险情况配备必要的安全保卫设施，雇用当地保安或武装警察，以增强安全防护能力，提高安全防护水平，同时为应对各种突发状况确定安全可靠的疏散方案。

应急资源保障

储备急救药品、人员转移和撤离所需的交通工具、手电、地图、指南针、足够至少15日使用的食物和饮用水等应急物资和资金。加大对通信设备的投入，在各驻外机构和项目营地设立24小时值班电话，为在通信条件较差、环境恶劣地区的驻外机构和项目营地配备海事卫星电话，确保信息畅通。

人身保险保障

及时为外派员工购买境外安全保险，减少后顾之忧，提高企业和员工的抗风险能力。

借助第三方资源

充分利用安保公司、保险公司、中介机构、国际组织等资源，通过参加保险、外包或成为 SOS 国际救援组织会员等方式，将海外安全风险防范工作交由专业权威机构负责实施和保障，接受 24 小时不间断的安全援助。

第七篇　日常管理

因地制宜加强管理

认真研究并理性看待当地投资环境和经济社会发展水平，在企业管理工作中体现一定灵活性，确保相关管理手段符合当地实际情况，避免因小失大，有条件的地方争取用当地人管理当地人。对于高危国家和地区，各境外机构应充分利用当地资源，设立专职公共安全岗位，聘请所在国富有管理经验的专业人员担任企业公共安全专员。

加强与使领馆及当地有关部门联系

及时到项目或机构所在地驻外使领馆报到登记，并接受使领馆的指导和管理，与使领馆建立固定联系渠道，积极配合使领馆"走访"工作，对于检查过程中发现的问题和隐患要及时改进、排除。同时还要加强与当地政府、军队、警察等部门的联系沟通，出现问题及时通报。

做好内部维稳

确保内部稳定是控制和防范突发安全事件的关键环节。企业各驻外机构、项目负责人应注重提高员工身体素质，增进团队关系，加强与普通员工的沟通交流，畅通职工群众诉求渠道，及时掌握员工思想动态，了解他们的需求，帮助他们解决实际问题和困难，把问题和矛盾化解在基层，化解在事发之前。

加强员工管理

制定派出人员行为守则，规范驻外人员行为方式，引导和督促员工树立良好文明形象，遵守当地法律法规，尊重当地风俗习惯，与当地雇用员工和谐相处，出现矛盾摩擦冷静处理、理性解决。严格执行高危国家和地区安全规定，员工外出必须经项目领导批准，并由专业安保人员或军警护送，严禁私自外出。建立外派员工紧急联络信息库，包括员工国内亲属的姓名、关系、联系方式等。

妥善处理问题

处理问题时要讲究方式方法，特别是在与当地雇员或民众产生矛盾时，要多借助当地资源，尽量由所在国政府、合作伙伴或企业雇用的当地保安力量解决，全力避免我国人员与当地人直接对立，激化矛盾，甚至引发种族冲突。

强化监督检查

建立海外安全风险防范体系效能审计机制，定期对境外项目和机构开展安全风险防范工作的效能进行评估。各驻外机构和项目也要定期自查，查找漏洞、排除隐患。对发现的问题要立即整改，对好的经验要加以总结推广。

第八篇　应急处置

反应迅速

企业要建立并不断健全境外机构突发事件应急响应机制，境外机构一线负责人要不断提高安全敏感性。境外安全形势发生异常时，应及时向驻外使领馆报告。境外突发事件发生时，要立即启动应急机制，向国内有关部门及驻外使领馆报告，报告内容包括：事件涉及单位或项目情况，事件发生时间、地点及现场情况；事件简要经过及原因初步判断；事件已经造成或可能造成的伤亡人数（包括失踪人数）、人员姓名、籍贯、国内联系单位、家属联系方式；初步估计的直接经济损失；已经采取的措施等。

听从指挥

发生境外突发安全事件时，相关企业要在国内有关部门及驻外使领馆的统一指导协调下开展相关工作，切忌发生"不听招呼"、各自为战的现象。

组织有序

发生境外突发安全事件时，企业要充分发挥项目各级党组织的战斗堡垒作用，做好员工组织工作。尚未成立党组织的境外项目和机构要立即指定各层级负责人，确保员工听从组织领导，避免一盘散沙。必要时，国内总部要迅速派工作组赶赴前方，加强一线组织领导。

自救互救

发生境外突发安全事件时，企业要充分利用当地人脉资源，帮助企业和使领馆搜集信息，并协助企业自保自救。所在国或地区安全形势急剧恶化的情况下，企业在做好自保自救的基础上，还要和附近的其他中资企业一起积极进行互保互救，共同应对安全威胁。

家属安抚

发生境外突发安全事件时，企业要第一时间做好境外员工国内家属的安抚和沟通工作，确保家属情绪稳定，不做出过激行为影响事件处理。

媒体应对

发生境外突发安全事件时，企业要在有关部门和驻外使领馆的指导下做好对外报道工作，正面引导舆论。要统一对外口径，避免各说各话、擅自透露事件处置细节，引起媒体炒作，对事件处理造成干扰。必要时可聘请当地专业公关公司协助应对公共舆论。

附 录 四

海外中国公民文明指南^①

一　海外中国公民文明社交指南

相互尊重

以良好的修养，展现自尊自信。热情坦诚、以礼相待，在友善待人的同时赢得他人的尊重。

真诚相待

诚实守信，表里如一。以真诚为纽带，促进人与人间信息传递、情感交流、思想沟通。

宽容大度

心胸豁达，宽以待人。多为他人着想，体谅他人难处。

严于律己

交往中清楚自己该做什么，不该做什么，己所不欲，勿施于人。

把握分寸

以平等的态度对待交往对象，以大方得体、不卑不亢为待人接物

① 《海外中国公民文明指南》，http://www.gov.cn/fwxx/content_2268015.htm，2016年3月1日。

尺度。既不必自吹自擂、自我标榜，也不要妄自菲薄、自我贬低、过度谦虚客套。

尊重差异

从不同民族、不同国家的社会文化背景出发，了解其礼仪文化差异，了解具体交往对象的不同风俗习惯、宗教信仰和交往禁忌，并给予尊重。

积极融入

主动与居住地人民交流，对居住地的风俗习惯尽量做到入乡随俗，积极融入当地社会，拓宽平安、和谐发展空间。

心系祖国

爱国情怀历久弥新，民族自尊心、自豪感永存心间。不做有辱国格的事，不说有辱国格的话。弘扬中华民族优秀文化，做文明中国人，从日常做起，日积月累，形成习惯。

二　海外中国公民文明举止指南

讲究仪容仪表

不在公共场合脱去鞋袜，袒胸赤膊，不毫无掩饰地剔牙。不在卧室以外穿着睡衣，不对别人打喷嚏，不在妇女和儿童面前吸烟，不把烟雾喷向他人。

注重个人修养

不语言粗俗，恶语伤人。礼让老弱病残，礼让女士。尊重服务人员劳动。不长时间独占公共设施。不强行与他人合影。

遵守公共秩序

不在公共场所高声呼朋唤友、猜拳行令、扎堆吵闹，或高声接打电话。排队时不跨越黄线，不插队加塞。乘坐交通工具时不争抢拥挤。

尊重风俗习惯

不在教堂、寺庙等宗教场所嬉戏、玩笑。与人谈话应避免问及年龄婚否、收入财务、信仰情感等个人私密情况。在穆斯林国家，女士不宜着装暴露。

爱护公共设施

不损坏公共设施，不踩踏绿地，不摘折花木和果实。不在文物古迹上刻涂，不攀爬触摸文物。

遵守公共规定

不在公共场所和禁烟区吸烟。不在禁止拍照的地区拍照留念。

维护环境卫生

不乱扔垃圾、废弃物，乱倒污水。不随地吐痰、擤鼻涕、丢烟头、吐口香糖。上厕所后冲水。

讲究环保节约

节约用水用电。吃自助餐时一次取食不要太多，吃完后再适量取用，避免在面前摆放多个盛满食物的餐盘，避免浪费。

奉行健康娱乐

拒绝参与色情、赌博活动，拒绝吸食毒品。

三 海外中资企业机构文明指南

树立风险意识

全面了解所在国家政治、经济、文化、法制、社会和治安环境，正确评估企业和人员面临的日常安全风险，建立有效的风险防控机制，警钟常鸣，确保生产和经营顺利，机构和人员安全。

明确安全成本

保证人员、财产安全是企业海外经营的头等大事，安全成本是企业运营成本的一部分。应根据当地实际情况，加大安全投入，制定落实安全措施，定期排查安全隐患，进行安全教育培训，并为员工购买人身意外及医疗保险。

坚持守法经营

注意维护国家和企业形象，注重企业长远利益，遵守当地法律法规，摒弃违法短视行为。树立合法用工理念，为员工办理与其身份相符的签证、居留等手续，保障员工根本权益。

履行社会责任

正确把握企业发展和回馈社会的关系，重视履行企业社会责任，坚持有取有予的企业发展道路，注重环境保护，兼顾当地利益，发展当地就业，尊重、善待当地雇员。

提倡诚实守信

坚守商业道德，拒绝伪冒假货，远离坑蒙欺骗、行贿索贿。加强中资企业间团结，避免恶性竞争、相互拆台。与当地社会群体、个人发生纠纷时，应要求员工保持克制，采取措施避免矛盾激化，充分利用法律武器维护企业和员工合法权益，并及时与驻外使领馆取得联系。

共建和谐世界

广交朋友，增进友谊，努力扩大与当地社会的利益交汇点。加深互信、共同发展、互利共赢，拓宽企业和谐发展空间，共享平安与繁荣。

附 录 五

中国公民出境旅游文明行为指南[①]

为提高公民文明素质，塑造中国公民良好国际形象，中央文明办、国家旅游局联合颁布了《中国公民出境旅游文明行为指南》。外交部领事司谨提醒每位公民出境旅游时要努力践行《指南》，克服旅游陋习，倡导文明旅游行为。该指南内容如下：

中国公民，出境旅游，注重礼仪，保持尊严。

讲究卫生，爱护环境；衣着得体，请勿喧哗。

尊老爱幼，助人为乐；女士优先，礼貌谦让。

出行办事，遵守时间；排队有序，不越黄线。

文明住宿，不损用品；安静用餐，请勿浪费。

健康娱乐，有益身心；赌博色情，坚决拒绝。

参观游览，遵守规定；习俗禁忌，切勿冒犯。

遇有疑难，咨询领馆；文明出行，一路平安。

---

① 《中国公民出境旅游文明行为指南》，http://cs.mfa.gov.cn/zggmzhw/lsbh/zwbh_660520/t841035.shtml，2016 年 3 月 1 日。

后　记

2009 年，我从暨南大学博士毕业，获得法学（国际关系）博士学位。暨南大学是华侨最高学府，也是最早设立华侨华人问题研究机构的大学。"暨南"二字出自《尚书·禹贡》："东渐于海，西被于流沙，朔南暨，声教讫于四海。"意思是指面向南洋，将中华文化远播到五洲四海。在这种浓厚的中华、海洋与华侨氛围中，我的博士学位论文也就相应选择了以海外中国公民的领事保护问题作为研究主题（这一主题就涉及中国、海外与华侨这三块）。

博士毕业后，我到武汉市中南民族大学马克思主义学院工作。由于工作关系，教学和科研的重心主要集中于马克思主义理论和中共党史，博士阶段关注和研究的领事保护问题无法深入和持续下去。2012年，我有幸获得国家社科基金资助，主持国家社科基金青年项目"中国领事保护能力建设研究"（项目批准号：12CGJ003）。为了能顺利完成这一课题，在教学和科研之余，进一步挤出时间来关注和研究中国领事保护问题。尽管自身能力有限，所幸在这一过程之中得到很多学者和师友的热情帮助和指教。外交学院夏莉萍教授、中央民族大学管理学院院长李俊清教授、湖北大学和北京师范大学（兼职教授）宋瑞芝教授、现代国际关系研究院副院长袁鹏研究员、暨南大学周聿峨教授和陈奕平教授、中共浙江省委党校李晓敏教授和西北政法大学王秀梅教授等都对我的研究给予了热情帮助和指教，在此深表感谢！

2012 年出版拙著《海外中国公民领事保护问题研究（1978—2011）：基于国际法人本化的视角》时，我在后记里提出，希望以后能深化这一方面的研究，将晚清、民国和新中国的领事保护贯穿起来。这本书的出版可以说在一定程度上实现了这一愿望。这本书作为国家社科基金青年项目"中国领事保护能力建设研究"的阶段性成果，主要是结合中国领事保护的历史发展，选择晚清、民国和新中国不同阶段的典型案例进行相应的分析，力图既能纵向展现中国领事保护历史发展的总体脉络，又能横向剖析不同阶段和不同案例中领事保护的特点。当然，由于本人能力、相关资料和出版时间等因素的限制，书中还存在着一些不足和错漏之处，敬请读者指正！

非常感谢外交学院领事保护问题研究专家夏莉萍教授在百忙之中抽空为拙著作序，也非常感谢中国社会科学出版社宋燕鹏编审为本书出版所付出的努力！

黎海波

2017 年 6 月于南湖之畔